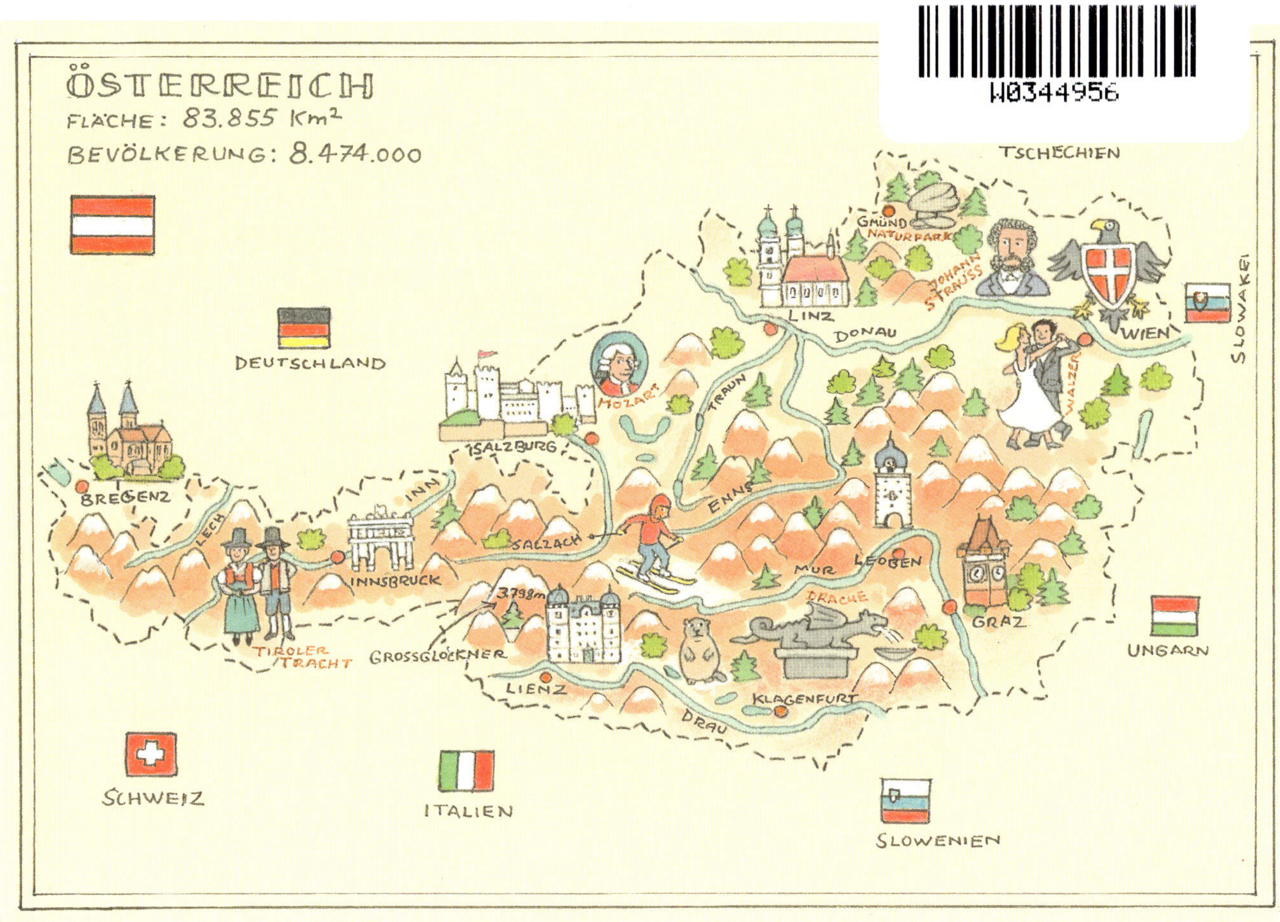

ÖSTERREICH
FLÄCHE: 83.855 Km²
BEVÖLKERUNG: 8.474.000
TSCHECHIEN
GMÜND
NATURPARK
JOHANN STRAUSS
SLOWAKEI
LINZ
DONAU
WIEN
DEUTSCHLAND
MOZART
TRAUN
WALZER
SALZBURG
BREGENZ
INN
LECH
ENNS
SALZACH
INNSBRUCK
MUR
LEOBEN
3.798m
DRACHE
GRAZ
UNGARN
TIROLER TRACHT
GROSSGLOCKNER
LIENZ
KLAGENFURT
DRAU
SCHWEIZ
ITALIEN
SLOWENIEN

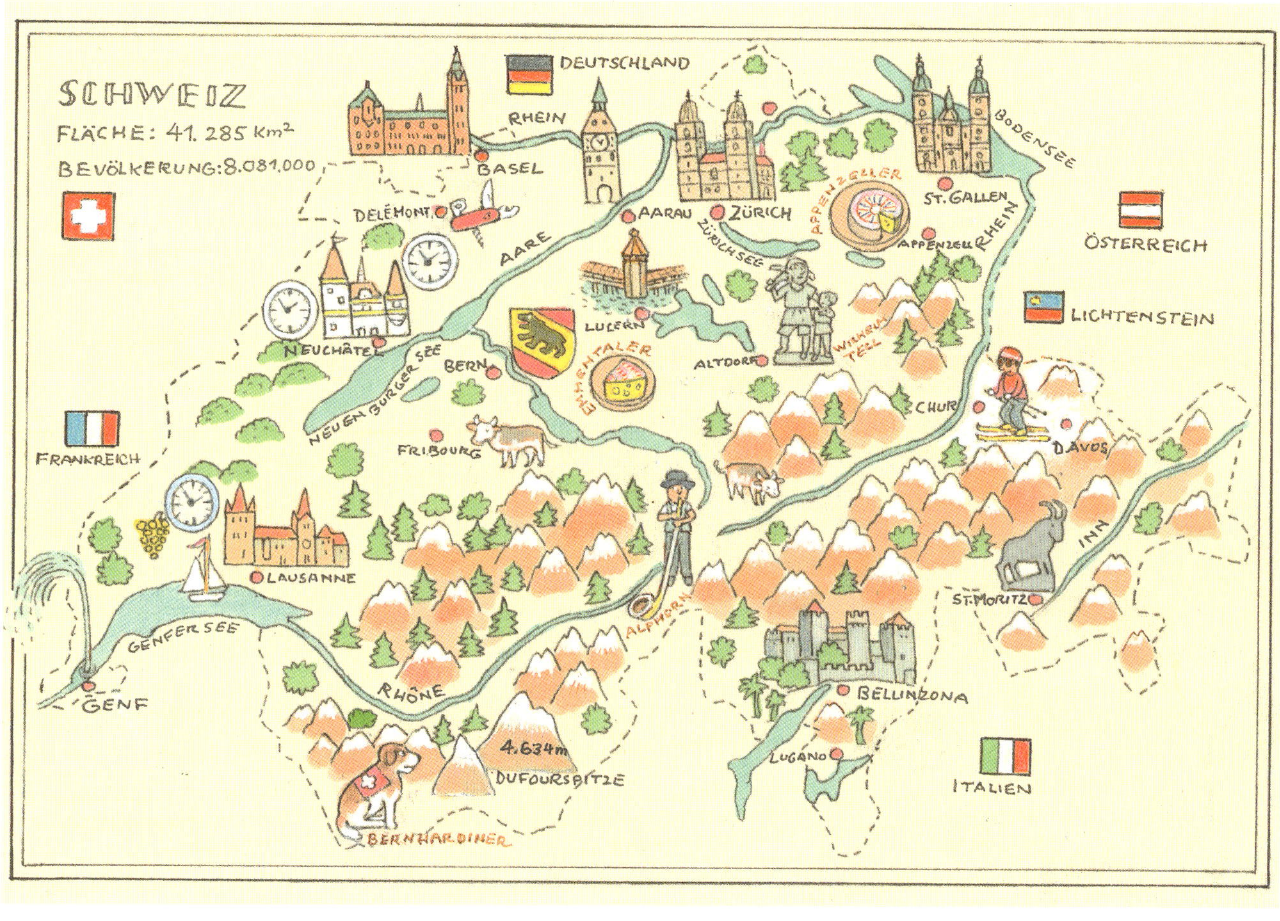

SCHWEIZ
FLÄCHE: 41.285 Km²
BEVÖLKERUNG: 8.081.000
DEUTSCHLAND
RHEIN
BASEL
BODENSEE
DELÉMONT
AARAU
ZÜRICH
APPENZELLER
ST. GALLEN
ÖSTERREICH
ZÜRICHSEE
APPENZELL
RHEIN
AARE
LUZERN
LICHTENSTEIN
NEUCHÂTEL
WILHELM TELL
NEUENBURGER SEE
BERN
EMMENTALER
ALTDORF
CHUR
FRANKREICH
FRIBOURG
DAVOS
INN
LAUSANNE
ALPHORN
ST. MORITZ
GENFER SEE
RHÔNE
BELLINZONA
GENF
4.634m
LUGANO
DUFOURSPITZE
ITALIEN
BERNHARDINER

ALLEMAND
1re année
A1 – A1 +

Richtig clever!

Wolf Halberstadt
Inspecteur d'académie
Inspecteur pédagogique régional
honoraire

Sterenn Le Berre
Professeur certifié
Collège Jean Moulin
Montreuil
Académie de Créteil

Béatrice Rizza
Professeur certifié
Collège Jean-Pierre Timbaud
Bobigny
Académie de Créteil

didier

SOMMAIRE

LERNPAKET 3 Guten Morgen, liebe Familie! P. 39

OBJECTIFS P. 39

- Comprendre quand quelqu'un présente les membres de sa famille et parle de ce qu'il mange pour le petit-déjeuner.
- Présenter une famille et parler des activités que l'on fait ensemble.
- Poser des questions simples pour connaître une famille et répondre à des questions à son tour.
- Lire un court texte et des fiches de présentation.
- Écrire un court texte sur une famille.

GRAMMAIRE P. 52/53

- Construire des phrases : la place du verbe
- L'impératif (tutoiement)
- L'article partitif
- Les déterminants possessifs *mein(e)* et *dein(e)*

TÂCHES

- Parler du petit déjeuner du dimanche ... P. 41
- Raconter quels jeux de société on aime, de ce que l'on joue en famille .... P. 45

PROJET

- Jouer une scène dans un café viennois .... P. 49

VIDÉO

- Le petit déjeuner du dimanche
- Construire des phrases

CULTURE

Une institution culturelle : le *Kaffeehaus* à Vienne

STRATÉGIE D'APPRENTISSAGE : La compréhension de l'oral

LERNPAKET 4 Hier leben wir! P. 55

OBJECTIFS P. 55

- Comprendre des informations pour s'orienter, comprendre la description d'une chambre et de ses meubles.
- Renseigner quelqu'un à partir d'un plan, parler de la décoration intérieure.
- Échanger sur une chambre, sa décoration, ses meubles et ce que l'on aime y faire.
- Comprendre la description d'une chambre et les appréciations de la personne qui y habite.
- Écrire un texte sur sa chambre et ce que l'on apprécie.

GRAMMAIRE P. 68/69

- Les prépositions *in* et *an*
- Les prépositions *an, auf* et *vor*
- Les déterminants possessifs *sein(e)* et *ihr(e)*
- Le verbe *mögen*
- Les déclinaisons du groupe nominal

TÂCHES

- Présenter sa maison ou son appartement P.57
- Questionner un partenaire sur une chambre ...... P. 60
- Ecrire un texte sur sa chambre .... P. 61

PROJET

- Faire un collage texte/image à partir d'un conte .... P. 65

VIDÉO

- Habitat : une vision du futur
- Les prépositions *in* et *an*

CULTURE

Trois contes des frères Grimm – trois „maisons"

STRATÉGIE D'APPRENTISSAGE : L'expression orale en interaction

LERNPAKET 5 Schule macht Spaß P. 71

OBJECTIFS P. 71

- Comprendre un élève qui parle de sa vie à l'école, de ses matières et de ses activités.
- Parler de son emploi du temps, des matières qu'on aime et dire pourquoi.
- Échanger sur un sujet connu, demander l'avis d'une personne sur ce qu'elle aime à l'école.
- Comprendre un emploi du temps, un texte de présentation d'activités.
- Écrire de courts textes de présentation pour un forum.

GRAMMAIRE P. 84/85

- La conjonction de subordination *weil*
- Le groupe nominal indéfini au nominatif et à l'accusatif
- Comprendre et construire des mots composés

TÂCHES

PROJET

VIDÉO

- Un projet d'école : imprimer en 3D
- Dire pourquoi à l'aide de *weil*

CULTURE

Trois établissements scolaires en Allemagne hors du commun : futuriste, écologique, multicolore

STRATÉGIE D'APPRENTISSAGE : La compréhension de l'écrit

LERNPAKET 6 Wir sind Freunde! P. 87

OBJECTIFS P. 87

- Comprendre de brefs échanges entre amis et des témoignages au sujet de l'amitié.
- Dire ce que l'on aime faire avec ses amis, commenter une citation au sujet de l'amitié.
- Répondre à des questions sur l'amitié.
- Comprendre de courts textes qui parlent de l'amitié et une interview au sujet de l'amitié dans les livres.
- Écrire en s'inspirant d'un modèle, sur son meilleur ami, sa meilleure amie.

GRAMMAIRE P. 100/101

- Le verbe *wissen*
- Les prépositions toujours suivies du datif
- Les pronoms personnels
- La négation avec *kein* et avec *nicht*

TÂCHES

PROJET

VIDÉO

- Le „test de l'amitié"
- La négation avec *kein* et avec *nicht*

CULTURE

Emil und die Detektive : un extrait en bande dessinée

STRATÉGIE D'APPRENTISSAGE : L'expression écrite

LERNPAKET 7 Der Sommer ist da ! P. 103

OBJECTIFS P. 103

- Comprendre quand quelqu'un parle de ses projets de vacances ; comprendre si quelqu'un accepte ou décline une invitation. Comprendre un reportage sur un camp de vacances et ses activités.
- Comprendre les informations principales d'un article sur des activités de vacances, quand et où elles ont lieu, à qui elles s'adressent.
- Présenter un projet de sortie en vacances et dire avec qui on veut le réaliser.
- Discuter d'un projet de camp de vacances franco-allemand sur la base d'informations dont on a pris connaissance.
- Rédiger un SMS pour inviter des amis, légender des photos de vacances, réaliser l' affiche de présentation d'un camp de vacances franco-allemand.

GRAMMAIRE P. 116/117

- Le verbe de modalité *können*
- Le subjonctif présent du verbe de modalité *mögen*
- Les préverbes séparables
- La subordonnée complétive introduite par *dass*

TÂCHES

PROJET

VIDÉO

- Reportage sur le « Language Camp »
- Modifier le sens d'un verbe à l'aide d'un préverbe

CULTURE

Deux tableaux d'Emil Nolde

STRATÉGIE D'APPRENTISSAGE : Pratiquer les langues étrangères pendant les vacances (chez soi ou ailleurs !)

Sur le site compagnon
www.didier-richtigclever.com

- Tous les **enregistrements audio** en format mp3,
- les **vidéos et les animations** „Grammatik – der Film“,
- un **précis grammatical,**
- un **dictionnaire** français-allemand et allemand-français **sonorisé.**

Klassensprache!

Pour échanger en classe !

Unsere Schulsachen
Nos affaires de classe

das Heft le cahier
das Buch le livre / le manuel
das Arbeitsheft le cahier d'activités
der Kuli le stylo billes
der Füller le stylo à plume
der Bleistift le crayon de papier
der Buntstift le crayon de couleur
der Klebstift le bâtonnet de colle
das Blatt Papier la feuille de papier
der Farbstift(e) le feutre
der Textmarker le surligneur
das Lineal la règle
der Radiergummi la gomme
die Schere les ciseaux
der Spitzer le taille-crayon

Was der Lehrer/In sagt
Ce que dit l'enseignant(e)

zu/hören ▸ **Hör zu!** Écoute
wiederholen ▸ **Kannst du das bitte wiederholen?**
Est-ce que tu peux répéter, s'il te plaît ?
Schreiben ▸ **schreib!** Écris !
Notieren ▸ **Notiere!** Note !
an/kreuzen ▸ **Kreuze an!** Coche !
ein/kreisen ▸ **Kreis ein!** Entoure !
lesen ▸ **Lies ...!** Lis ... !
kleben ▸ **Kleb ...! ...** Colle !
Sieh an die Tafel! Regarde le tableau !
Meldet euch! Levez la main !

Was die Schüler sagen...
Ce que disent les élèves...

... zum Lehrer ...à l'enseignant(e)

Darf ich vorlesen? Est-ce que je peux lire à voix haute ?
Können Sie bitte wiederholen? Est-ce que vous pouvez répéter, s'il vous plaît ?
Ich verstehe nicht. Je ne comprends pas.
Können Sie das noch einmal erklären? Est-ce que vous pouvez réexpliquer ?
Wie sagt man ...auf Deutsch ? Comment est-ce qu'on dit ... en allemand ?
Was bedeutet „...“ ? Que signifie « ... »?
Entschuldigung! Ich komme zu spät! Excusez-moi, je suis en retard.
Ich habe mein Heft nicht. Je n'ai pas mon cahier.

Zu anderen Schülern à d'autres élèves

Kannst du das wiederholen? Est-ce que tu peux répéter ?
Hat jemand ein.........für mich?
Est-ce que quelqu'un a un ... pour moi ?

LERNPAKET 1

Willkommen in Düsseldorf!

MES OBJECTIFS

Dans ce *Lernpaket*, je m'entraîne à :

- comprendre quand quelqu'un se présente, dit son âge, où il habite, ce qu'il fait.
- me présenter en me référant à un modèle.
- demander son nom à un camarade, son âge, où il habite…
- lire un court texte informatif, la légende d'une photo.
- rédiger un court texte de présentation.

Hallo aus Düsseldorf!

1 **„Wie heißt du?“ – Sechs Freunde stellen sich vor.**

Arbeitsheft, S. 5

2 Schau dir jedes Porträtfoto an und hör zu.

→ Arbeitsheft, S. 6

Vorname: ....
Wie alt bist du?
10 – 11 – 12 – 13 – 14
In welche Klasse gehst du?
5 – 6 – 7 – 8 – 9* / a – b – c – d – e
Wo wohnst du? ....

1

2

3

4

5

6

INFORMATIONEN

- Vorname
- Alter (x2)
- Klasse
- Wohnort
- Willkommen!

PROJEKT-AUFGABE

Macht das Kettenspiel und stellt euch vor wie die Schüler aus Düsseldorf.

Video
Die Freunde aus Düsseldorf
www.didier-richtigclever.com

1 **Kim stellt sich vor. Was sagt sie? Dann Emma, Felix …**
„Ich heiße Kim. Ich bin …“

Vorname: Kim Alter: 11 Klasse: 6a	Vorname: Emma Alter: 13 Klasse: 8d	Vorname: Felix Alter: 12 Klasse: 7b

Vorname: Lea Alter: 14 Klasse: 9c	Vorname: Juliane Alter: 10 Klasse: 5e	Vorname: Jan Alter: 12 Klasse: 7a

2 **Assoziiere die Fragen und die Informationen und spiel mit deinem Partner.**

Wo wohnst du?
In welche Klasse gehst du?
Wie alt bist du?
Wie heißt du?

6 11 7
Kim Juliane 8
Emma 12 Lea
10
9 Felix 13
14 5 Jan

3 Das Fünfzehn-Sekunden-Fragespiel.

Partner 1: Wähl eine Frage (→ Aufgabe 2, S. 10) **und stelle sie.**
Partner 2: Antworte!

4 Zahlen von 1 bis 10. Hör zu und lies mit.

1	2	3	4	5	6	7	8	9	10
eins	zwei	drei	vier	fünf	sechs	sieben	acht	neun	zehn
one	*two*	*three*	*four*	*five*	*six*	*seven*	*eight*	*nine*	*ten*

Zahlen von 11 bis 20. Hör zu und lies mit.

11	12	13	14	15
elf	zwölf	dreizehn	vierzehn	fünfzehn
eleven	*twelve*	*thirteen*	*fourteen*	*fifteen*
16	**17**	**18**	**19**	**20**
sechzehn	siebzehn	achtzehn	neunzehn	zwanzig
sixteen	*seventeen*	*eighteen*	*nineteen*	*twenty*

www.didier-richtigclever.com
Zahlen von 20 bis 1000

Clever, der Wortdetektiv:
Zahlen auf Englisch von 1 bis 20: ähnlich oder nicht?

5 Addiere!

Arbeitsheft, S. 7/8

A

3 + 10 =
8 + 10 =
5 + 10 =
9 + 10 =
4 + 10 =

B

1 + 10 =
6 + 10 =
2 + 10 =
7 + 10 =

Tipp:
+ : plus
= : sind

Hallo und tschüss!

1 **Eine Reportage: Sieh dir die Fotos an, lies die Texte und hör dir die Dialoge an. Was passt zusammen?** Arbeitsheft, S. 9

Ein Tag im Comenius -

A

Die Schule beginnt.

B

Die 7 d hat Musik bei Frau B

C

Große Pause.

D

Die Stunde ist aus.*

* *Le cours est terminé.*

Gymnasium*

Guten Morgen. Wie heißt du?
Ich heiße Johann. Johann Amos Comenius.
Wo wohnst du?
In Prag, in Amsterdam, in ganz Europa. Und in Düsseldorf...
Die Schule hier heißt Comenius-Gymnasium.
Wie alt bist du?
Hm, sehr alt.
Danke, super interessant.
Danke!
Bis bald. Tschüss!
Auf Wiedersehen!

Die Klasse 7d geht nach Hause.*

** La classe 7d rentre à la maison.*

PROJEKT-AUFGABE

Macht eine Foto-Reportage über einen Tag bei euch und schreibt Mini-Texte.

** das Gymnasium: collège + lycée*

TRAINIEREN

1 Ordne zu.

Arbeitsheft, S. 9

1

2

A Guten Tag, Frau Winter!
Hi, Miss Winter!

B Hallo Peter!
Hello Peter!

C Guten Morgen, Herr Schmidt!
Good morning, Mister Smith!

D Gute Nacht!
Good night!

3

4

2 Was fehlt?

→ Arbeitsheft, S. 10

wie (x2)
wo
welche

„Hallo, ✱ heißt du?"
„Guten Tag, ✱ wohnst du?"
„Hallo, ✱ alt bist du?"
„In ✱ Klasse gehst du?"

3 Jetzt antworte auf die Fragen.

Ich heiße...

4 Das Alphabet: Hör zu und lies mit.

das Alphabet

a b c d e f g
h i j k l m n o p
q r s t u v w
x y z

mit Umlaut

ä ö ü

das „ß"

heißen
Wie heißt du?
Ich heiße ...

5 Das Buchstabierspiel:

Partner 1: Wähl ein Wort auf S. 8/9. Buchstabier es.
Partner 2: Schreib das Wort auf.

→ Arbeitsheft, S. 12

h - e - i - „eszet" - e - n

Das lebendige Gruppenfoto

Du bist in der Gruppe 1, 2, 3 oder 4.
Wähl einen Schüler/eine Schülerin auf dem Foto. Wie heißt er (A)/ sie (B)? Wie alt ist er/sie (C)? Wo wohnt er/sie (D)?
Du übst deine Rolle: Text und Pose.
Dann übst du in der Gruppe, dann in der Klasse.

A ♂

- Michael
- Elias
- Linus
- Julian
- Tim
- Leon
- Felix
- Paul
- Fabian
- Valentin
- Adrian
- Max
- Philipp

B ♀

- Laura
- Julia
- Emma
- Anna
- Lena
- Lisa
- Vanessa
- Lea
- Mila
- Sophie
- Leonie
- Marie
- Nele

C

11 12 13 14

D

München	Hamburg
Stuttgart	Schwerin
Saarbrücken	Dresden
Hannover	Bremen
Berlin	Kiel
Düsseldorf	Leipzig
Erfurt	Potsdam
Wiesbaden	Mainz

Gruppe 1 | Gruppe 2 | Gruppe 3 | Gruppe 4

PROJEKT-AUFGABE

Spielt jetzt das „Lebendige Foto“.

Der Fotograf

Name: Jan von Holleben
Alter: 38
Geboren* in Köln, wohnt in London

**né*

Tipp: Macht Fotos oder einen kleinen Film.

WORTSCHATZ

› grüßen

Guten Morgen!
Guten Tag!
Guten Abend!
Gute Nacht!

Hallo!
Tschüss!
Auf Wiedersehen!
Willkommen!

der Morgen
der Tag
der Abend
die Nacht

die Schule
das Gymnasium
die Pause (die Pausen)
die Musikstunde
die Stunde (die Stunden)

› Infos zur Person

der Name

heißen

Wie heißt du?
Ich heiße Marc.

sein

Ich bin Veronika.

das Alter

Wie alt bist du?

Ich bin 12.
Ich bin 12 Jahre alt.

die Klasse

In welche Klasse gehst du?

In die 7d.
Ich gehe in die Klasse 7d.

der Wohnort

Wo wohnst du?

In Düsseldorf.
Ich wohne in Düsseldorf.

das Foto (die Fotos)
das Bild (die Bilder)

Üben

1 Clever, der Wortdetektiv!

→ Arbeitsheft, S. 12

Du kennst es auf Englisch...
Wie heißt es auf Deutsch?

Good morning! *Good night!* *Hello!* *Welcome!*

2 Was ist Deutsch? Wähl die richtige Antwort.

Kennst du die anderen Sprachen?

class	Klasse	classe	clase
Goedendag!	Guten Tag!	Buongiorno!	Bonjour !
Tengo 13 años.	J'ai 13 ans.	I'm 13 years old.	Ich bin 13 Jahre alt.
Mi chiamo Emma.	Ich heiße Emma.	Je m'appelle Emma.	Jeg hedder Emma.

3 Die Papagei-Party. Richtig clever? Richtig clever!

Spielt zu zweit. Partner A fragt.
Partner B antwortet. Partner A fragt,...

A *Wo wohnst du?*
In Düsseldorf?
...

B *In Düsseldorf!*
Ja, in Düsseldorf.
...

Mehr Fragen:
Name
Alter
Klasse

4 Phonetik!

1. Hör gut zu.

2. Hör zu und lies mit!

3. Hör zu und sprich nach!

[haː] *„Hallo! Wie heißt du?" – „Ich heiße Heidi."*
[aː] *„Wie alt bist du?" – „Ich bin acht Jahre alt."*
„Guten Abend!"

GRAMMATIK

1. Le verbe sein

Ich **bin** 12.
Wie alt **bist** du?
Tamaro **ist** 12. / Veronika **ist** 12.

Wir **sind** 12.
Seid **ihr** 12?
Annika und Chiara **sind** 12.

au présent de l'indicatif

ich	**bin**
du	**bist**
er, sie, es	**ist**
wir	**sind**
ihr	**seid**
sie	**sind**

Le verbe ***sein*** a une conjugaison particulière au présent de l'indicatif. C'est également le cas pour les verbes équivalents en français *(être)* et en anglais (***to be***).

2. Dire où l'on habite

wohnen
Ich **wohne** in Düsseldorf.
Wo **wohnst** du?
Arjun **wohnt** in Düsseldorf.

Wir **wohnen** in Düsseldorf.
Wo **wohnt** ihr?
Chiara und Marc **wohnen** in Düsseldorf.

Le verbe wohnen au présent de l'indicatif

ich	**wohne**
du	**wohnst**
er, sie, es	**wohnt**
wir	**wohnen**
ihr	**wohnt**
sie	**wohnen**

Le verbe ***wohnen*** (habiter) peut te servir de référence pour la conjugaison de nombreux verbes au présent de l'indicatif. Tu peux constater que le radical ***wohn-*** reste inchangé aux trois personnes du singulier et du pluriel.
Au présent, le verbe ***gehen*** (aller) se conjugue de la même manière.
C'est également le cas de ***heißen*** (s'appeler). Lorsque le radical se termine par ***ß*** ou ***s***, la 2ème personne du singulier se forme ainsi : ***du heißt***.

3. Poser une question

Video – GRAMMATIK der Film!

Wie heißt du?
Wie alt bist du?
Wo wohnst du?
In welche Klasse gehst du?

avec des interrogatifs (1)

wie + verbe+sujet***?***
wie +adjectif + verbe + sujet***?***
wo + verbe+ sujet***?***
In welche +nom +verbe + sujet***?***

Beaucoup d'interrogatifs commencent par la lettre ***w-***.
wie ...? = comment ...?.
wie alt...? = quel âge...?
wo ...? = où... ?
welche(r) ...? = quel(le)

www.didier-richtigclever.com

4. Les trois genres

au nominatif singulier défini

Les marques du cas de l'article défini au nominatif singulier
-r
-ie
-s

der Tag / der Morgen / der Name
die Klasse / die Schule / die Pause
das Foto / das Gymnasium / das Alter

En allemand, on distingue trois genres : le **masculin**, le **féminin** et le **neutre**. Le nominatif est le cas du sujet, il sert de cas de référence pour le lexique. Il faut toujours apprendre l'article avec chaque nom. Les marques du cas se retrouvent également aux pronoms personnels de la 3ème personne : ***der – er / die – sie / das – es.***

Üben

1 „Wie heißt du?"

2 „Wo wohnst du? In Barcelona, Paris, London, Rom? Oder in Kopenhagen?"

~ Arbeitsheft, S. 12/13

3 Médiation : „Wie alt bist du?" Chacun répond dans sa langue maternelle. Tu es l'interprète et tu le dis en allemand.

A. « Jeg er elleve! »
B. « Tengo trece años. »
C. « I'm fifteen! »
D. « J'ai quatorze ans. »
E. « Ho dodici anni! »

4 Complète les articles au nominatif singulier.

d... Frage
d... Antwort
d... Tag
d... Abend
d... Klasse
d... Schule
d... Bild
d... Foto

RICHTIG CLEVER LERNEN !

Les mots sont un trésor !

Bien apprendre le lexique est primordial pour pouvoir bien comprendre et pour bien se faire comprendre.
En allemand, on parle de Wortschatz : der Schatz = le trésor.

Voici 4 « clés » pour ouvrir ce trésor :

Comprendre (grâce aux indices !)

Appuie-toi sur ce que tu peux comprendre facilement pour ensuite essayer de percer le secret.

À l'écrit : l'image des six élèves te met facilement sur la voie. À l'oral, les images (photos, dessins, situations) sont des clés.

En allemand, il y a une grande proximité entre le mot écrit et le mot prononcé.

Regarde et lis page 8.
Ich bin Annika.
Und ich bin Marc.
Ich heiße Veronika.

Comparer (tu connais déjà d'autres langues !)

L'énoncé „Ich bin zwölf Jahre alt." contient plusieurs mots que tu peux comparer avec l'anglais.

À l'écrit, le mot Name est identique avec name en anglais (mais il prend une majuscule en allemand !) et proche du français (nom).

Tu peux aussi comparer la prononciation.

Écoute les présentations de la page 9.
Ich bin 12 Jahre alt.
alt → old
Jahre → years
zwölf → twelve
Name → name

Associer

Associer un mot avec des mots que tu as déjà rencontrés est également une bonne voie.

Tu as appris le verbe wohnen.

Dans le Lernpaket 4, tu verras des substantifs dans lesquels tu retrouveras une partie de ce verbe.
As-tu déjà une idée de ce qu'ils signifient ?

wohnen ⟿ die Wohnung
⟿ das Wohnzimmer

Mémoriser

Pour arriver à mémoriser à long terme du lexique, il y a plusieurs approches qu'il faut combiner :

- Se souvenir du contexte (image, texte, personnage, situation).
- Pratiquer la langue activement.
- Noter le lexique nouveau dans un carnet de vocabulaire.
- Écrire les mots (sans erreur !) aide à la mémorisation et permet de réaliser des révisions ciblées.
- Vérifier toi-même le lexique.

Bien géré, le lexique contribue à enrichir ta langue, en allemand - mais aussi en anglais et en français …

LERNPAKET 2

Das mache ich!

MES OBJECTIFS

Dans ce *Lernpaket*, je m'entraîne à :

- comprendre les informations concernant les activités de loisir d'une personne et son planning de la semaine.
- présenter des activités en indiquant à quel moment elles se déroulent.
- poser des questions à un camarade au sujet de ses activités.
- lire de courts textes dans lesquels des adolescents présentent leurs activités.
- prendre des notes sur un calendrier, compléter un court texte sur des activités de loisir.

Das Hobby-Haus

1 **Hör zu und lies mit. Verstehst du alles?** → Arbeitsheft, S. 17

2 **Sieh dir das Hobby-Haus an. Was kannst du dort machen?** → Arbeitsheft, S. 17

singen
tanzen
schwimmen
turnen
reiten
Rad fahren
malen

Volleyball
Handball
Fußball
Basketball
Tennis
Tischtennis
Rugby

Geige
Klarinette
Klavier
Saxofon
Flöte

} spielen

Judo
Karate
Leichtathletik

} machen

Ich spiele ..., ich ...

3 Hör zu. Tamaro, Chiara und Veronika haben Hobbys.
Wie viele ? 2, 3 oder 4?

→ Arbeitsheft, S. 18

Hör noch einmal zu. Welche Hobbys haben sie?

→ Arbeitsheft, S. 18

4 Welche Hobbys hast du?
Schreib deine Hobbys auf.

Andere Hobbys findest du auf www.didier-richtigclever.com. Klick auf das Wort, dann hörst du die richtige Betonung.

PROJEKT-AUFGABE

Stell deine Hobbys vor.

Video

Die Hobbys der Freunde aus Düsseldorf

www.didier-richtigclever.com

TRAINIEREN

1 Spielt das Hobby-Domino und sprecht.

~~ Arbeitsheft, S. 19

Beispiel: „A → D: Rad fahren!“
„C …“

A

singen

B

reiten

C

tanzen

D

Rad fahren

E
Tennis spielen

F
Tischtennis spielen

G
malen

H

Handball spielen

I

Flöte spielen

J

Gitarre spielen

K

Klavier spielen

L

Fußball spielen

2 Welche Hobbys mimen sie?

Arbeitsheft, S. 21

3 Partner A mimt ein Hobby. Partner B fragt. Partner A antwortet.

...

Spielst du Gitarre?

Ja!

Reitest du?

Nein.

Rad fahren
→ Fährst du Rad?

4 Du und deine Hobbys: Schreib einen Text.

Arbeitsheft, S. 21

Die Checkliste

❀ Wie heißt du? ❀ Wie alt bist du? ❀ Wo wohnst du? ❀ Was sind deine Hobbys ?

Zeit für Hobbys

1 **Lies die Texte und informiere dich über die Hobbys von Annika, Marc und Arjun.**

Notiere die Termine im Kalender. (Nicht für alle Hobbys gibt es Termine!)

Arbeitsheft, S. 22

Die Woche – *The week* – *La semaine*						
Montag *Monday* *Lundi*	**Dienstag** *Tuesday* *Mardi*	**Mittwoch** *Wednesday* *Mercredi*	**Donnerstag** *Thursday* *Jeudi*	**Freitag** *Friday* *Vendredi*	**Samstag** *Saturday* *Samedi*	**Sonntag** *Sunday* *Dimanche*

Hallo,
ich heiße Annika und bin 13.
Ich habe drei Hobbys:
Ich schwimme, spiele Geige
und ich male gern.
Ich schwimme am Montag.
Am Freitag habe ich Geige.

❤ Ich spiele gern...
... ist super!
... ist toll!
... ist genial!

Hallo!
Ich heiße Marc und ich habe drei Hobbys:
Ich spiele am Mittwoch Klavier.
Am Montag und Freitag spiele ich Fußball und
am Samstag spiele ich Golf. Das ist toll!

Hi,
ich heiße Arjun und ich spiele Tennis und
Fußball. Ich fahre auch gern Rad.
Ich spiele auch Klavier.
Klavier spiele ich am Donnerstag.
Tennistraining habe ich am Mittwoch und
am Freitag und Fußball am Dienstag.
Meine Woche ist voll ... aber toll!

2 Lies die Wochenpläne. Wo ist der von Annika? Der von Marc? Von Arjun?

~ Arbeitsheft, S. 22

Hör dir an, was A sagt. Sprich über die Woche von B und C.

am Montag

um ... Uhr

Die Woche	Montag	Dienstag	Mittwoch	Donnerstag	Freitag	Samstag	Sonntag
A	17 Uhr …		15 Uhr …		19 Uhr …	16 Uhr …	
B		19 Uhr …	18 Uhr …	16 Uhr …	18 Uhr …		
C	17 Uhr …				15 Uhr …		

15 fünfzehn
16 sechzehn
17 siebzehn
18 achtzehn
19 neunzehn

Mein Hobby-Profil

3 Hör dir die Interviews an: Wie ist das Hobby-Profil?

~ Arbeitsheft, S. 22/23

4 Hör dir die Interviews noch einmal an. Notiere Fragen.

~ Arbeitsheft, S. 23

PROJEKT-AUFGABE

Interviewe deinen Partner und mach sein Hobby-Profil.

1 Wie viel Uhr ist es? Hör zu und assoziiere.

Arbeitsheft, S. 23/24

A 15:00

B 16:00

C 17:00

D 18:00

E 19:00

F 20:00

2 Mach den Wochenplan.

Beispiel: Sven schwimmt am Dienstag um 18 Uhr.

Arbeitsheft, S. 24

Kai	Volleyball	spielen	Montag	15 Uhr
Lene	Handball	machen	Dienstag	16 Uhr
Uli	Tennis	singen	Mittwoch	17 Uhr
Tom	Geige	tanzen	Donnerstag	18 Uhr
Sven	Fußball	schwimmen	Freitag	19 Uhr
Nina	Leichtathletik		Samstag	

3 Hör zu! Was machen die Jugendlichen? Wann?

Arbeitsheft, S. 25

Vorname	Was?	Wann?

4 **Sieh dir das Foto an und lies den Text von Benjamin. Was ist sein Hobby-Profil?**

Ich heiße Benjamin und bin 12 Jahre alt. Ich spiele am Montag Abend Volleyball, ich schwimme am Dienstag und am Donnerstag. Ich mache auch Leichtathletik und spiele Klavier.

Jetzt bist du Tina: Stell dich und deine Hobbys vor.

Montag, Freitag, Samstag

5 **Dein Text: Wähl Wörter aus und schreib deinen Text.**

→ Arbeitsheft, S. 25

Saxofon
Klavier
Geige
Gitarre
Volleyball
Fußball
Tennis
Judo
Karate
Gymnastik
Montag
Mittwoch
Freitag
Rad

„Was machst du in deiner Freizeit, Lars?“
„Ich spiele jeden Tag . Und du, Tom?“
„Ich mache am um 16 Uhr .
Und ich spiele .“
„Hast du noch ein anderes Hobby?“
„Ja, ich fahre gern .“

Vom Bild zur Filmszene...

1 Sieh dir die Bilder an und lies die Szenen. Kombiniere sie.

Max Liebermann,
Tennis am Meer, 1901

Max Liebermann,
Reiter und Reiterin am Strand, 1903

www.didier-richtigclever.com
Kurzbiografie
Max Liebermann

Die Szenen

Szene 1

Am Sonntag, am Meer: Sonne. Vier Personen: Judith und Martha, Peter und Max. Publikum.

MAX	Judith, spielst du auch Tennis?
JUDITH	Ja, gerne. Spielst du auch mit, Martha?
MARTHA	Hm. Wieviel Uhr ist es?
PETER	Drei Uhr.
MARTHA	Also ja. Ich spiele mit Judith!
MAX	Gut. Peter, komm! Hier, der Ball. Judith. Das Spiel beginnt!

Judith spielt.

MARTHA	Bravo! 15 - 0*!

* 0 = null

Tipp: „Spielt" auch das Meer, die Pferde...

Szene 2

GUSTAV	Brrrrrrr, brav[1] Otto. Guten Tag, Frau von Erkrath. Schön, Sie[2] zu sehen!
JOHANNA	Ach, guten Tag, mein lieber Herr Stadler. Sie reiten?
GUSTAV	Ja! Sehr gern!
JOHANNA	Oh, sehen Sie: Judith und Martha!

1. brav: *sage, gentil* – 2. Sie: *vous (forme de politesse)*

Szene 3

JOHANNA	Judith, Martha, guten Morgen!
JUDITH UND MARTHA	Johanna! Wie schön!
MAX	Kommt Tennis spielen!
GUSTAV	Kommen Sie reiten!

Alle lachen.

2 Wähl eine Rolle und hör sie dir an.

Übe deine Rolle.

PROJEKT-AUFGABE

Spielt die Szene!

WORTSCHATZ

› Musik
Ich bin musikalisch!

singen	
Flöte spielen	die Flöte
Geige spielen	die Geige
Gitarre spielen	die Gitarre
Klavier spielen	das Klavier
Saxofon spielen	das Saxofon

› Sport
Ich bin sportlich!

schwimmen
reiten
tanzen
turnen

Basketball spielen	der Ball (die Bälle)
Fußball spielen	
Handball spielen	Judo machen
	Karate machen
Tennis spielen	Leichtathletik machen
Tischtennis spielen	
Rugby spielen	Rad fahren

› Kunst
Ich bin kreativ!

malen
zeichnen
Collagen machen

› Wann ?

am	Montag	
am	Dienstag	der Tag
am	Mittwoch	(die Tage)
am	Donnerstag	die Woche
am	Freitag	(die Wochen)
am	Samstag	
am	Sonntag	

› Um wie viel Uhr?

14.00	um vierzehn Uhr
15.00	um fünfzehn Uhr
16.00	um sechzehn Uhr

Üben

1

Clever, der Wortdetektiv!
„Hilfe!“ „Help!“ „Au secours!“ –
Du verstehst ein Wort nicht? Sei clever!

→ Arbeitsheft, S. 26

Deutsch	Englisch	Französisch	andere Sprache
schwimmen	to swim		

reiten
tanzen
Handball
Rugby
Fußball
singen
Gitarre

der Tag
die Woche
Montag
Freitag
Sonntag

Englisch
Französisch
andere Sprache

2 **Gegen die Zeit**
Spielt zu zweit! Schreibt in 90 Sekunden viele Hobbys auf.
Vergleicht dann: Wer hat mehr Hobbys?

3 **Phonetik! Lange Vokale... sind lang!**

Ich male am Montag und fahre Rad am Freitag.
Ich spiele Flöte am Dienstag und am Sonntag Klavier!

www.didier-richtigclever.com

GRAMMATIK

1. Parler de ses loisirs

avec le verbe haben au présent de l'indicatif

haben

Ich **habe** zwei Hobbys.
Hast du heute Training?
Marc **hat** eine Gitarre.
Wir **haben** drei Hobbys.
Habt ihr heute Training?
Sie **haben** zwei Gitarren.

ich	habe
du	hast
er/sie/es	hat
wir	haben
ihr	habt
sie	haben

Le verbe ***haben*** *(avoir)* suit au présent une conjugaison régulière sauf à la 2ème et 3ème personne du singulier ou le *b* du radical n'est pas repris, ce qui facilite la prononciation. En anglais, tu connais le verbe ***to have***, un proche cousin...

2. Le verbe fahren

au présent de l'indicatif

fahren

Ich **fahre** gern Rad.
Fährst du auch gern Rad?
Annika **fährt** jeden Tag Rad.
Wir **fahren** gerne Rad.
Fahrt ihr gerne Rad?
Annika und Arjun **fahren** gern Rad.

ich	fahre
du	fährst
er	fährt
wir	fahren
ihr	fahrt
wir	fahren

Le verbe ***fahren*** *(aller en vélo, en voiture, en train...)* a les mêmes terminaisons au présent de l'indicatif que les verbes du type ***wohnen, spielen*** ... (voir ***Grammatik*** p. 20). La seule différence, qu'il a en commun avec quelques autres verbes du même type : la voyelle change à la 2ème et 3ème personne du singulier. Le ***a*** reçoit un ***Umlaut*** et devient ***ä***.

3. Répondre à une question

Video GRAMMATIK der Film!

Ja... oder nein?

„Spielst du Klarinette?" – ‚Ja, ich spiele Klarinette."
„Spielst du Geige?" – „Nein, ich spiele Gitarre."

Des questions auxquelles l'on peut répondre par „ja/nein" sont faciles à poser: elles commencent par le verbe conjugué qui est immédiatement suivi du sujet.

www.didier-richtigclever.com

4. Poser une question

avec des interrogatifs (2)

Wer spielt Volleyball?
Was sind deine Hobbys?
Wie viele Hobbys hast du?
Wann hast du Basketball?

wer?
was?
wie viel ...?
wann?

La question introduite par ***wer*** (*qui*) interroge la personne qui est sujet de l'action. L'interrogatif ***was*** (*que*) interroge une chose, une activité... . L'interrogatif ***wie viel...*** (*combien*) permet d'interroger la quantité, ***wann*** (*quand*) questionne le moment où quelque chose se produit.

„Wann schwimmst du?" „**Am** Montag."
„Um wie viel Uhr ?" „**Um** drei Uhr."

am Montag / **am** Dienstag / **am** Mittwoch...
um ... Uhr

Pour indiquer quel jour tu fais quelque chose, tu places ***am*** devant le jour (***am Montag*** – *lundi / le lundi*). Pour répondre à la question ***Um wieviel Uhr?*** (*à quelle heure ?*), tu places la préposition ***um*** devant l'heure que tu indiques.

Üben

1 Ergänze mit der konjugierten Form des Verbs.

A Ich ... Volleyball und Tennis. (spielen)
B Am Montag ... Julia Skateboard. (fahren)
C Wann ... du Fußballtraining? (haben)
D Er ... gern Judo. (machen)
E Ich ... jeden Tag Rad. (fahren)
F Am Montag ... Max Klavierunterricht. (haben)

2 Was macht er / sie gern?

A
Annika → Annika schwimmt gern.

B
Sophie →

C
Ich →

D
Max →

E
Sie →

F
Er →

3 Wann? Ergänze.

– Hast du heute Volleyball? – Nein, ... Montag. – Ah, ja! Und wann? – ... fünf Uhr.

4 Kettenspiel: Was macht ihr in der Woche?

Spielt in der Klasse: Schüler A : „Was machst du am Montag ?" Schüler B: „Am Montag tanze ich. Was machst du am Dienstag?" Schüler C: „Am Dienstag spiele ich Handball. Was machst du am ...?" Schüler D: „..."

RICHTIG CLEVER LERNEN!

Parler en continu en allemand ... et dans toutes les disciplines

Que signifie vraiment « expression orale en continu » ?

Parler en continu veut tout simplement dire que tu prends la parole pour dire quelque chose sans répondre directement et très brièvement à une question.

p. 25, 3 | p. 27, 3

Ecoute à nouveau les présentations des loisirs des amis de Düsseldorf en te connectant au site **www.didier-richtigclever.com**.

Prends maintenant la trame à droite comme exemple et complète oralement par les éléments qui te concernent.

„Ich heiße ..., ich bin ... Jahre alt und wohne in ... .
Ich habe ... Hobbys: ... ... »

Comment s'entraîner à l'expression en continu ?

A partir du modèle et des informations dont tu disposes tu peux construire ta propre prise de parole. Souvent, tu prendras des notes sous forme de mots-clé. Dans l'exercice proposé, c'est déjà fait...

p 29, 2

Ecoute l'activité et regarde les documents fournis.

Il est plus facile de parler en continu lorsque l'on peut s'aider de quelques notes.

Écris juste quelques notes pour pouvoir parler librement. Organise-les dans l'ordre de ta prise de parole.

p. 31, 4

Regarde la tâche et les documents dans le manuel.

Pour la prononciation des mots et l'intonation des phrases, écoute attentivement les modèles sonores dont tu disposes.

Connecte-toi sur le site compagnon **www.didier-richtigclever.com**.
Tu y trouveras de nombreux fichiers mp3 téléchargeables.

LERNPAKET 3

Guten Morgen, liebe Familie!

MES OBJECTIFS

Dans ce *Lernpaket*, je m'entraîne à :

- comprendre quand quelqu'un présente les membres de sa famille et parle de ce qu'il mange pour le petit-déjeuner.
- présenter une famille et parler des activités que l'on fait ensemble.
- poser des questions simples pour connaître une famille et répondre à des questions à mon tour.
- lire un court texte et des fiches de présentation.
- écrire un court texte sur une famille.

Das ist die Familie!

1 Familie Schmidt stellt sich vor. Hör gut zu und notiere den Namen für jede Person.

~~ Arbeitsheft, S. 35

Beispiel: Mein Vater heißt ... .

Thomas · Marlen · Socke · Flocki · Tanja

2 Hör Marc noch einmal zu: Wie heißen die Tiere?

~~ Arbeitsheft, S.35

PROJEKT-AUFGABE

Stell Marcs Familie vor.

Frühstück am Sonntag!

3 Hör zu und lies. Was fehlt?

Arbeitsheft, S. 37

Bei Schmidts zum Frühstück

Frühstück!
9 Uhr: Der Vater deckt den Tisch.

„Kommt ihr frühstücken?"

ist da ✔
fehlt ✘

Essen & Trinken

1. Müsli
2. Milch
3. Kaffee
4. Marmelade
5. Käse
6. Honig
7. Wurst
8. Tee
9. Brötchen
10. Brot
11. Schinken
12. Kakao
13. Butter
14. Ei
15. Orangensaft (O-Saft)
16. Bananen, Orangen und Äpfel

Clever, der Wortdetektiv!
die Milch – milk
der Käse – cheese
das Brot – bread
das Ei – egg

PROJEKT-AUFGABE
Wie ist das Frühstück am Sonntag bei dir?

TRAINIEREN

1 **Wir sind bei Familie Wolters. Sieh dir die Fotos an und ordne Texte und Fotos zu.**

~ Arbeitsheft, S. 36

Spiel Chiaras Rolle und stell Familie Wolters vor.

1

2

3

4

5

A *Meine Schwester heißt Teresa. Sie ist acht.*
B *Meine Mami heißt Valeria.*
C *Das bin ich. Ich heiße Chiara.*
D *Hier ist der Hund. Er heißt Coco.*
E *Mein Papi heißt Thomas.*

2 **Mein (ideales) Frühstück am Sonntag. Ich esse... Ich trinke...**

~ Arbeitsheft, S. 38

essen

trinken

3 **Interviewe deinen Partner:**
„Was trinkst du?" „Was isst du?"

Video
Das Frühstück am Sonntag
www.didier-richtigclever.com

4 **Frühstück am Montag, am Dienstag…**
Hier ist ein Text von Chiara.
Thema: Mein Frühstück vor der Schule.

→ Arbeitsheft, S. 39

Ich frühstücke um 7
Uhr. Ich trinke Kakao und
esse ein Brötchen mit
Butter und Marmelade.
Oder Müsli mit Banane
und Apfel. Es gibt auch
O-saft. Lecker!

Schreib einen Text über dein Frühstück.

→ Arbeitsheft, S. 39/40

5 **Hör dir die Interviews mit Familie Lehmann an.**
Wer isst was?

→ Arbeitsheft, S. 40

Schreib über das Frühstück von Familie Lehmann.

→ Arbeitsheft, S. 41

Der Vater . . . . Kaffee
Die . . . .
. . .

Familie und Freizeit

1 Hier siehst du noch einmal die Familien Schmidt und Wolters. Stell kurz die Personen und Tiere vor.

Beispiel: Bild 1: Das ist Frau Schmidt, Marcs Mutter. Sie heißt Tanja.

2 Hör zu. Wer macht was gern? Ordne zu.

~~ Arbeitsheft, S. 41

Beispiel: Tanja liest gern.

Clever, der Wortdetektiv!

hören – to hear
kochen – to cook
schlafen – to sleep
essen – to eat

3 Lies die Mail und die SMS. Wer schreibt? Wer antwortet?

~~ Arbeitsheft, S. 42

Hallo, ihr Lieben! Was macht ihr am Sonntag? Wir sind in Düsseldorf und haben Zeit. Seid ihr zu Hause?
Viele liebe Grüße!
Oma und Opa

Hallo, ja, wir sind zu Hause. Kommt doch so um 16 Uhr. Es gibt Kaffee und Kuchen. Dann spielen wir Monopoly.
Marc, Marlen und Thomas spielen auch.
Liebe Grüße, Tanja

Hör die Nachricht an. Klappt es?

Spiele für alle!

4 Marc und Chiara spielen gern. Hör zu. Welche Personen spielen zusammen und was?

Arbeitsheft, S. 43

Marc und Marlen

...

...

...

5 Schach spielen, Puzzle, Kartenspiele: Lies die Kommentare. Und du? Was denkst du?

Arbeitsheft, S. 44

Spielen in der Familie: immer noch sehr beliebt!

Pro	Kontra
„Ich spiele Schach. Das ist clever! Ich trainiere Strategie … und das finde ich gut.“	„Schach ist total langweilig. Und kompliziert!“
„Puzzle sind super. Das ist kreativ und schön!“	„Puzzle – nein danke! Ich male lieber!“
„Karten spielen ist einfach schön. Die ganze Familie spielt mit. Wir haben Spaß.“	„Ich hasse Kartenspiele. Sie sind kompliziert. Das nervt.“

gern ❤ /
lieber ❤❤

PROJEKT-AUFGABE

Welche Spiele magst du? Welche spielt ihr in deiner Familie? Erzähl!

Clever, der Wortdetektiv!
hassen – to hate

TRAINIEREN

1 **Der ideale Sonntag. Hör zu. Was macht Sven wann?**

Ein Partner sagt Aktivitäten, der andere zeigt den Parcours.

2 **Dein Text. Conny schreibt eine SMS an Stefan. Ergänze den Text.**

~~ Arbeitsheft, S. 42

Zeit
ein Spiel machen
Düsseldorf
Kaffee
ein Puzzle machen
Mittwoch
Nachmittag

„Hallo Stefan! Oma und Opa sind am ✱ in ✱. Sie haben ✱. Mein Vorschlag*: Am ✱ bei uns zu Hause. Wir können ✱ trinken und ✱. Die Kinder sind auch da. Bist du OK?“

*der Vorschlag: *la proposition*

3 **Wie viele Personen können spielen?**
Lies die Informationen und notiere.

→ Arbeitsheft, S. 43

Was spielst du allein? Was spielst du mit der Familie?
Was spielst du mit Freunden?

Monopoly / Schach / Mensch ärgere dich nicht / Mau Mau /Scrabble ...

Alle lieben „Mensch ärgere dich nicht!“
Mit maximal vier und mindestens zwei Personen könnt ihr spielen.

Monopoly spielst du mit zwei bis acht Personen.

Schach, das Spiel für Konzentration und Strategie.
Zwei Partner spielen.

Scrabble: Das Alphabet gibt Punkte! Zwei bis vier Spieler ab zehn.

Mau Mau: ein Kartenspiel für die ganze Familie! Zwei bis fünf Spieler.

4 **Gegen die Zeit: Welches Spiel bin ich? Hör zu und antworte so schnell wie möglich!**

Ein Sonntag in Wien!

1 Sieh dir die Fotos an und lies den Text: Was ist ein „Kaffeehaus“?

Arbeitsheft, S. 45

WIEN.

Von 1861 bis heute: Das Café Schwarzenberg ist 155 Jahre alt!

In Wien gibt es viele alte Cafés. Sie heißen „Kaffeehaus“.

Die Wiener trinken hier Kaffee, sie essen Kuchen und … sie frühstücken auch!

Es ist gemütlich[1]! Manchmal ein bisschen laut[2]…

1. gemütlich: *agréable, confortable* – 2. laut: *bruyant*

Clever, der Wortdetektiv!

der Ober: ein Mann, der in einem Café arbeitet = the waiter

der Gast: eine Person, die in ein Café geht = the client

die Bestellung = the order

2 Hör dir die Dialoge an. Notiere die Bestellungen.

Arbeitsheft, S. 45

3 Lies die Karte: Was kennst du? Was isst du gern? Arbeitsheft, S. 46

CAFE SCHWARZENBERG
seit 1861

GUTEN MORGEN!
GOOD MORNING!

Frühstück
Ein guter Anfang für einen schönen Tag
Montag=Freitag von 07.30-12.00 Uhr
Samstag & Sonntag von 09 – 12 Uhr

Breakfast
A good start for a better day
Monday – Friday from 07.30 a.m. to 12.00 a.m.
Saturday & Sunday from 09.30 a.m. to 12.00 a.m.

1010 Wien, Kärntner Ring 17
www.cafe-schwarzenberg.at

Die Frühstückskarte

WIENER FRÜHSTÜCK
- Portion Kaffee, Tee oder Schokolade
- Handgemachte Kaisersemmel
- Butterkipferl
- Portion Butter oder Diät-Margarine
- Glas Marmelade oder Honig
- weich gekochtes Bio-Freilandei 8€30

VIENNESE BREAKFAST
- Portion coffee, tea or hot chocolate
- Handmade roll
- butter croissant
- portion butter or butter diet margarine
- jar of jam or honey
- soft boiled egg 8€30

VITALFRÜHSTÜCK
- Portion Kaffee, Bio-Kräutertee oder Schokolade
- Vollkorngebäck mit Avocadoaufstrich
- Gemüsesticks mit Kräuterdip
- Fruchtmüsli mit Biojoghurt
- Vitamindrink 12€30

VITAL BREAKFAST
- Portion coffee or a can of bio herbal tea or hot chocolate
- bradroll of wholemeal with spread of avocado
- sticks of vegetables with herbdip
- fruit cereal with yoghurt
- vitamin drink 12€30

die Kaisersemmel
hochdeutsch:
das Brötchen

das Butterkipferl
das Croissant

PROJEKT-AUFGABE
Spielt eine Szene im Kaffeehaus.

WORTSCHATZ

› Die ganze Familie!

die Familie
die Eltern
- der Vater (die Väter) / „Papi“
- die Mutter (die Mütter) / „Mami“
- der Bruder (die Brüder)
- die Schwester (die Schwestern)

die Großeltern
- der Großvater (der Opa)
- die Großmutter (die Oma)

die Haustiere
- das Tier (die Tiere)
- der Hund (die Hunde)
- der Hamster (die Hamster)
- die Katze (die Katzen)

› Das machen wir in der Freizeit!

die Freizeit
- zu Hause sein
- Zeit haben

spielen
zusammen spielen
Karten spielen
Schach spielen
„Mensch ärgere dich nicht!“ spielen
am Computer spielen

ein Puzzle machen
Filme schauen
Musik hören
kochen

schlafen
chillen

Spaß haben ☺
etwas gut finden ☺ /
langweilig finden ☹

› Am Morgen

das Frühstück
- frühstücken
- frühstücken kommen
- den Tisch decken

trinken
- der Kaffee
- der Tee
- die Milch
- der Kakao
- der Saft
  - → der Orangensaft / der „O-Saft“

› Am Morgen

essen

das Brot (die Brote)	der Apfel (die Äpfel)	der Käse
das Brötchen (die Brötchen)	die Banane (die Bananen)	der Schinken
die Butter	die Orange (die Orangen)	die Wurst
die Marmelade	das Müsli	das Ei (die Eier)
der Honig		

Üben

1

Clever, der Wortdetektiv!

Wortfamilien - mach sie komplett!

2 Clever, der Wortdetektiv!

Frühstück und breakfast: Was ist auf dem Tisch?

Deutsch	Englisch
das 	br_ _ _
die 	b_ _ _er
der 	hon_ _
der 	_ _ _fee
der 	t_ _
die 	mil_

Deutsch	Englisch	Latein
der *	*at*	*ter
die *	m*t*er	m*ter
der *	br**er	fr*ter
die *	s*ster	soror

3 **Ein Buchstabe, ein Wort! Finde die Wörter so schnell wie möglich!**

A wie Apfel	H wie ...	O wie ...	T wie ..
B wie...	K wie...	S wie ...	W wie ...
E wie...	M wie ...		

4 **Phonetik! Lang oder kurz?**

1. Hör gut zu.

2. Hör zu und lies mit!

3. Hör zu und sprich nach!

Vater deckt den Tisch: Frühstück! Brot und Brötchen mit Butter. Saft oder Tee? Honig oder Marmelade?

1. Construire des phrases

La place du verbe

„Ich frühstücke um 7 Uhr."

„Und am Sonntag?"
„Am Sonntag frühstücke ich um 9 Uhr."

1 SUJET	2 VERBE	3 COMPLEMENT	
Ich	frühstücke	um sieben Uhr.	
1 COMPLEMENT	**2 VERBE**	**3 SUJET**	**4 COMPLEMENT**
Am Sonntag	frühstücke	ich	um 9 Uhr.

Dans une déclarative, le verbe conjugué occupe toujours la deuxième place. La première place peut être occupée par le sujet (ici : ***ich***). Lorsque le locuteur veut mettre en avant un autre élément de la phrase (***am Sonntag***), il le place en tête. Le verbe conjugué cependant reste en deuxième position. Compare avec l'anglais et le français !

www.didier-richtigclever.com

2. Donner une consigne à quelqu'un que l'on tutoie

l'impératif

SINGULIER

Thomas, **deck** den Tisch!
Marc, du bist dran, **spiel** jetzt!
Annika, **iss** ein Brot!

decken → *Deck...!*
spielen → *Spiel...!*
essen → *iss...!*

PLURIEL

Veronika und Arjun, **deckt** den Tisch!
Tamaro und Chiara, **spielt** jetzt!
Stefan und Alex, **esst** noch ein Stück Kuchen!

decken → *Deckt...!*
spielen → *Spielt...!*
essen → *Esst...!*

L'impératif se forme au singulier et au pluriel à partir du radical du verbe. Exemple : l'infinitif ***hören*** a comme radical ***hör-*** ce qui donne la forme du singulier. Au pluriel, il suffit d'ajouter un ***t*** au radical : ***hört***.
Le verbe ***essen*** change de voyelle au présent singulier, 2ème et 3ème personne : ***du isst, er isst***. Pour cette raison, il change aussi de voyelle à l'impératif singulier : ***Iss!***

3. Dire ce que l'on mange ou boit sans préciser la quantité

l'absence d'article

Ich trinke Milch.
Ich trinke Kakao.
Ich esse Brot.

Milch trinken
Kakao trinken
Brot essen

L'infinitif ***Milch trinken*** se traduit par *boire du lait*. L'article partitif *du* indique en français que l'on boit du lait sans indication de quantité. En allemand, cette idée est rendue par l'absence d'article.

4. Dire ce qui m'appartient et ce qui t'appartient

Mein Vater heißt Thomas.
Meine Mutter heißt Tanja.
Wie heißt ***dein Bruder***?
Wie heißt **deine Schwester**?
Hier sind **meine Eltern**.

à l'aide du déterminant possessif

mein + nom
meine ...
dein ...
deine ...
meine ...

Les déterminants possessifs ***mein*** et ***dein*** gardent toujours leurs formes de base. Pas de terminaison ni pour le masculin ni pour le neutre lorsque le groupe nominal est sujet. Au féminin et au pluriel, il faut ajouter un -e. (Pour la 3ème personne du singulier, voir grammaire p. 68)

5. Etablir un lien

Marc**s** Schwester heißt Marlen.
Chiara**s** Eltern heißen Thomas und Valeria.

Le génitif saxon

Person + **s**

Pour décrire un lien de parenté ou pour dire à qui appartient quelque chose, il suffit d'ajouter un ***-s*** au nom ou prénom d'une personne. Cette forme est appelée *« génitif saxon »*. Tu peux comparer avec l'anglais : ***This is Paul's father***. Attention : pas d'apostrophe en allemand au génitif saxon !

Üben

1 Wann frühstückst du?

Beispiel: Am Freitag...

am Montag am Mittwoch am Samstag am Sonntag	frühstücken	7 Uhr 8 Uhr 9 Uhr 10 Uhr

2 Schau dir die Bilder an und ergänze die Sätze.

Beispiel: „Ich trinke  ". → „Ich trinke Milch".

„Ich trinke . Und was trinkst du?" – „Ich trinke ." „Ich esse . Und was isst du?" – „Hast du auch ?" – „Ja, da steht es" – „Oh, danke!" – „Bitte." „Magst du ? Wir haben auch  und ." – „Danke, super!" – „Guten Appetit!" – „Danke, gleichfalls."

RICHTIG CLEVER LERNEN!

Bien comprendre à l'oral en allemand … et dans toutes les langues étrangères

La compréhension de l'oral en langue étrangère peut parfois te sembler un peu difficile.

Suis le parcours que nous te proposons sur cette page pour développer des stratégies qui te seront souvent utiles.

p 40,1

Avant de commencer l'écoute, regarde les images, fais des hypothèses sur le lien de parenté entre les personnes et lis leurs prénoms.
Tu auras souvent à ta disposition des images ou un contexte qui te mettent déjà sur la voie.

Souvent tu as besoin de deux ou de plusieurs écoutes pour bien comprendre.

p. 40, 1 et 2

www.didier-richtigclever.com

En entraînement, tu peux retourner autant de fois que nécessaire sur le site pour réécouter les présentations de Marc.

Tu n'es pas toujours obligé de comprendre chaque détail d'un message ou de tout retenir.

Souvent tu pourras prendre quelques notes.

p 41, 1

Ici, tu n'as qu'à cocher les aliments qui sont cités.
Écoute l'activité et regarde les documents fournis.

Tu pourras souvent transférer tes expériences d'écoute à des situations qui sont proches.

La prise de notes est également plus facile puisque tu connais le lexique.

p 43, 5

Regarde la tâche et les documents dans le manuel.
Il s'agit de découvrir une autre famille et ses habitudes de petit-déjeuner.

Pratiquer le plus souvent possible la compréhension de l'oral te permettra de progresser rapidement.

Connecte-toi sur le site compagnon. Tu y trouveras de nombreux fichiers mp3 téléchargeables.

Hier leben wir!

MES OBJECTIFS

Dans ce *Lernpaket*, je m'entraîne à :

- comprendre des informations pour s'orienter, comprendre la description d'une chambre et de ses meubles.
- renseigner quelqu'un à partir d'un plan, parler de la décoration intérieure.
- échanger au sujet de sa chambre, sa décoration, ses meubles et ce que l'on aime y faire.
- comprendre la description d'une chambre et les appréciations de la personne qui y habite.
- écrire un texte sur ma chambre et ce que j'apprécie.

Besuch bei Marc

1 **Annika will zu Marc. Finde seine Adresse auf dem Stadtplan von Düsseldorf.**
Arbeitsheft, S. 51

Sie fragt einen Passanten nach dem Weg. Hör zu.

Sie klingelt bei Marc. Hör zu. In welchem Stock wohnt er? Im dritten oder vierten Stock?*
Arbeitsheft, S. 52

*Ordinalzahlen von 1 bis 10: S.66

Marc Schmidt
Sonnenstraße 4
Düsseldorf

links
rechts
geradeaus

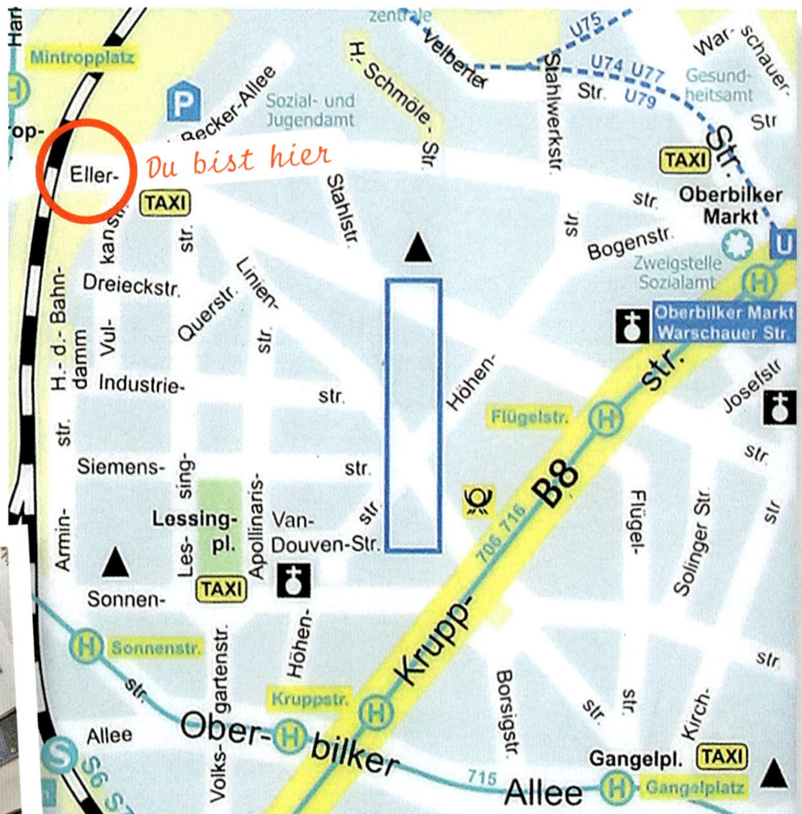

Das ist meine Wohnung.

2 Marc zeigt die Wohnung. Ordne die Zimmer auf dem Plan zu.

~ Arbeitsheft, S. 54

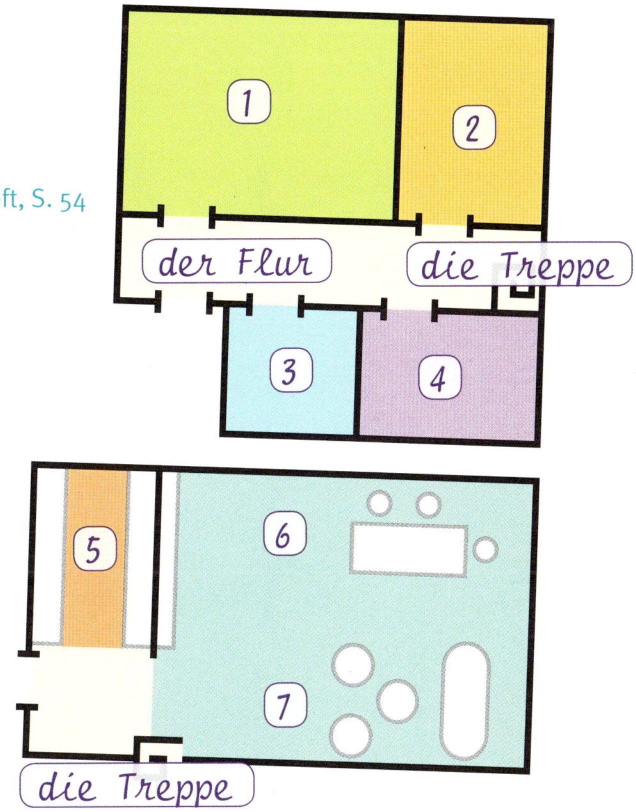

mein Zimmer

das Bad

das Zimmer von Marlen

das Wohnzimmer

das Esszimmer

die Küche

PROJEKT-AUFGABE

Stell deine Wohnung oder dein Haus vor.

TRAINIEREN

1 Chiara wohnt am Lessingplatz. Du bist bei A, B, C oder D. Partner 1: Du fragst. Partner 2: Du erklärst den Weg zu Chiara.

⟿ Arbeitsheft, S. 52/53

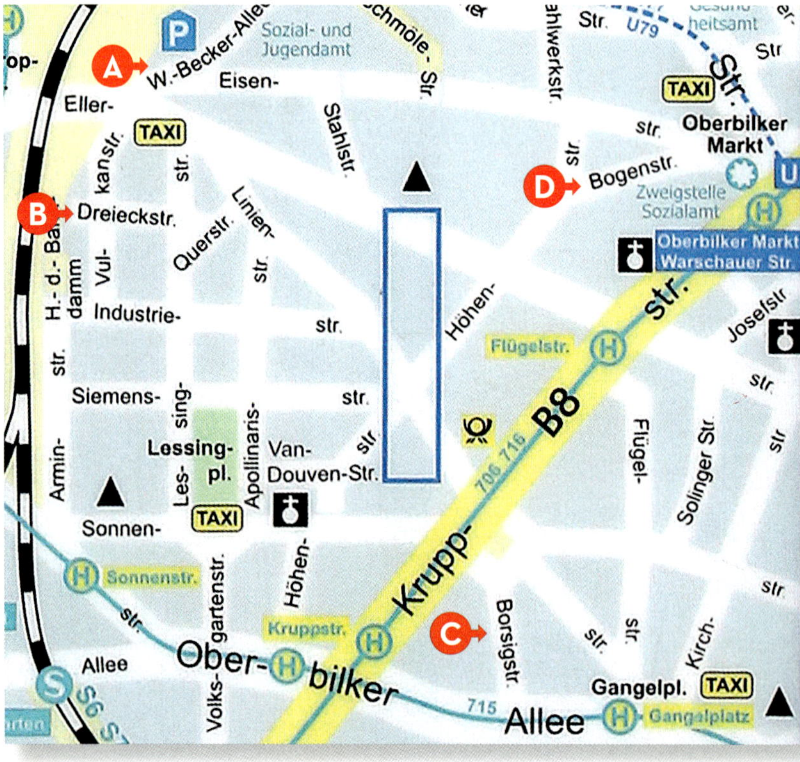

2 In diesem Haus in Düsseldorf ist ein Café. Hier wohnen auch acht Familien. Sieh dir das Klingelschild an. Wer wohnt wo?

Beispiel: Familie Lisowski wohnt im ersten Stock links.

Faulhaber	Ersoy
Aulbert	Bauer
Lau	Reuver
Lisowski	Neumann

Café Beier

Tipp:
Hör dir zuerst die Familiennamen an.
www.didier-richtigclever.com

3 **Lies den Text. Wo ist das Auto? Folge der Route von Detektiv Klaus Reimann.**

Arbeitsheft, S. 53

Detektiv Klaus Reimann steht am Lessingplatz. Die Sonne scheint, es ist 11 Uhr. Er geht rechts in die Lessingstraße. Dann geht er geradeaus bis zur Ellerstraße. Hier geht er rechts. Die Linienstraße. Da! das Auto! Es fährt schnell. „Taxi“. Ein Taxi hält. „Bitte, fahren Sie! Schnell“. Am Gangelplatz hält das Auto.

4 **Die Wohnung von Familie Schwarz. Ergänze den Text und schreib ihn in dein Heft.**

Esszimmer – Wohnung – Stock – Wohnzimmer – Küche

Wir wohnen im dritten ___. Die ___ ist groß und modern. Hier ist das ___. Da spielen wir zusammen, hören Musik und da steht auch der Fernseher. Wir frühstücken in der ___. Am Wochenende frühstücken wir alle zusammen im ___.

„Dein Zimmer ist schön!“

1 **Marc „skypt“ mit Léo, seinem Freund aus Frankreich. Hör zu und notiere die Möbel von Bild 1 bis 5.** ~~ Arbeitsheft, S. 56

1

2

3

4

5

PROJEKT-AUFGABE

Wählt Fotos von einem Zimmer. Ein Partner stellt Fragen, der andere antwortet.

Mein Zimmer – mein Stil

2 **Chiara teilt auf einem Blog einen Text über ihr Zimmer. Lies ihn und notiere:**
– Möbel,
– Farben,
– was Chiara mag.

Arbeitsheft, S. 57

Video
Wie wohnen wir in der Zukunft?
www.didier-richtigclever.com

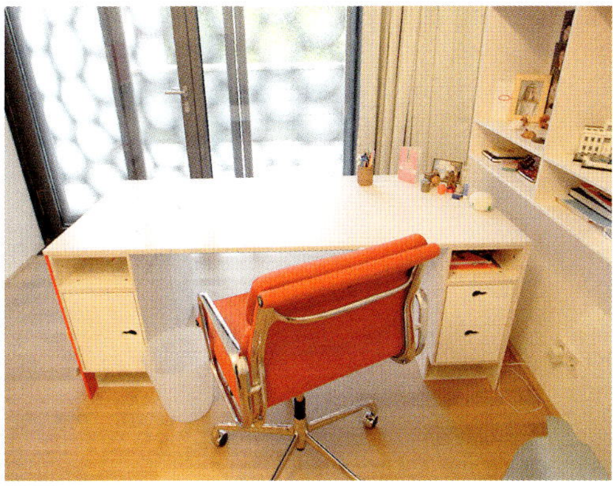

Ich liebe mein Zimmer. Es ist groß und ganz modern. Mein Bett ist am Tag ein Sofa. Es ist ein Bettsofa. Es ist schwarz und weiß. Hier lese ich gern. Ich habe auch viele Farben in meinem Zimmer. Mein Regal zum Beispiel ist orange, lila, pink und weiß. Der Teppich ist rund und auch bunt. Mein Schreibtisch steht vor dem Fenster. Er ist groß.
Da mache ich Hausaufgaben* und male auch gern. Mein Zimmer ist nicht so voll. Das mag ich. Mein Hund Coco mag mein Zimmer auch.

* die Hausaufgaben: *les devoirs*

PROJEKT-AUFGABE

Schreib einen Text über dein Zimmer.

1 Wo liest du gern? Wo spielst du gern? Wo malst du gern?

~ Arbeitsheft, S. 57

Beispiel: Ich lese gern auf dem Sofa.

auf dem – am

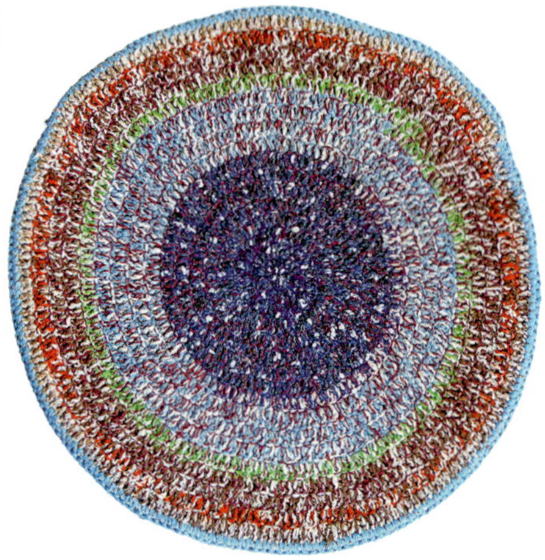

2 Tolle Farben und Möbel! Was möchtest du?

~ Arbeitsheft, S. 58

Beispiel: Ich möchte das Bett in rot.

Bett 215€
Farben :

Schrank 290€
Farben :

Teppich 79€
Farben :

Sessel 169€
Farben :

Sofa 225€
Farben :

Regal 129€
Farben :

3 Welches Foto passt zu welchem Text?

Arbeitsheft, S. 59

A

B

C

1

Ich heiße Ben. Ich wohne in der Altstadt von Düsseldorf. Ich liebe die Natur und die Sonne. Mein Zimmer ist ganz orange und die Möbel sind alle aus Holz*. Ich habe ein Etagenbett.

* aus Holz: *en bois*

2

Mein Name ist Tina. Ich bin 13 Jahre alt. Ich wohne in Düsseldorf. Mein Zimmer ist super! Wie für eine Prinzessin. In meinem Zimmer habe ich ein Bett und einen Schreibtisch. Meine Lieblingsfarben sind pink und grün.

3

Hallo, ich heiße Thomas. In meinem Zimmer lerne und spiele ich auch gern. Ich habe einen Schrank für meine Sachen. Ich mag es diskret. Mein Zimmer ist modern, meine Farben sind weiß, grau und schwarz.

4 Renovierung!

a. Alle Möbel in die Garage! Schreib eine Liste mit Möbeln, die du kennst.

Arbeitsheft, S. 60

b. Sieh dir die Farben an. Welche Farbe für welches Zimmer? Was findest du schön?

Beispiel: Grün für die Küche...

Drei Märchen - drei Häuser

1 Hier siehst du drei Zeichnungen (1, 2, und 3). Sie illustrieren drei Märchen der Brüder Grimm.
Aber was ist mit den Texten? Abrakadabra!
Alles ist durcheinander!*

*durcheinander: *en désordre*

1

2

3

Rotkäppchen

Hänsel und Gretel

Dornröschen

Die Brüder Grimm

Jacob Grimm (1785-1863)
& Wilhelm Grimm (1786-1859)

a Das Mädchen sieht das Haus im Wald. „Da wohnt Großmutter!" Das Mädchen sieht Blumen[1], blau und rot und gelb! Es pflückt[2] sie für die Großmutter. Und der Wolf? Er geht zum Haus der Großmutter…

1. die Blume: *la fleur* – 2. pflücken: *cueillir*

b Alle schlafen. Im Hof[1] schlafen der Hund und die Katze. Auch im Schloss[2] schlafen alle! Im Turm schläft die Prinzessin. Alle schlafen hundert Jahre. Dann kommt der Prinz und …

1. der Hof: *la cour* – 2. das Schloss: *le château*

c Die zwei Kinder sehen ein Haus. Sie sind müde[1] und haben Hunger[2]. Da, am Fenster: Kekse und Lebkuchen[3]. „Hmm, lecker", sagen beide. „Hier wohnt eine Frau", sagt die Schwester. „Vielleicht ist sie freundlich?" sagt der Bruder. Aber im Haus wohnt eine Hexe[4] …

1. müde: *fatigué* – 2. der Hunger: *la faim* – 3. Kekse und Lebkuchen: *des biscuits et du pain d'épices* – 4. die Hexe: *la sorcière*

2 Lies die Titel der drei Märchen und finde für jedes Märchen das richtige Bild und den Text.

Arbeitsheft, S. 61/62

Hör zu: Stimmt alles?

Lies einen der Texte vor.

Tipp: Hör noch einmal die Aufnahme an und übe!
www.didier-richtigclever.com

PROJEKT-AUFGABE

Wähl ein Märchen. Schreib Titel und Text ab und mach ein Bild oder eine Collage.

WORTSCHATZ

› Hier wohne ich!

die Adresse (die Adressen)
die Straße (die Straßen)
der Platz (die Plätze)

im 1. = ersten Stock wohnen
2. = zweiten
3. = dritten
4. = vierten
...

klingeln

der Stadtplan
nach dem Weg fragen
gehen
links
rechts
geradeaus

der Passant (die Passanten)
das Auto (die Autos)
das Taxi (die Taxen)

› Das ist meine Wohnung!

die Wohnung (die Wohnungen)
das Haus (die Häuser)

das Zimmer (die Zimmer)
das Esszimmer
das Wohnzimmer
das Bad (die Bäder)
die Küche (die Küchen)

der Flur
die Treppe (die Treppen)
das Fenster (die Fenster)

› Ich mag deine Farben!

die Farbe (die Farben)
weiß
gelb
orange
rot
rosa
pink
lila
blau
grün
bunt
braun
schwarz

› Das ist mein Zimmer!

die Möbel (pl.)
das Bett (die Betten)
das Sofa (die Sofas)
das Regal (die Regale)

der Schrank (die Schränke)
der Stuhl (die Stühle)
der Sessel (die Sessel)
der Tisch (die Tische)
der Schreibtisch
der Teppich (die Teppiche)

Wie?
groß / klein
aus Holz / aus Metall
modern
rund
quadratisch

Üben

1 Finde die Wörter. ~ Arbeitsheft, S. 62

Mein Traumhaus!

Ein  *aus Holz. Mein*  *ganz* . *Das*  *und* .
Ein  *in* . *Und ein* 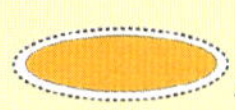, *und* !

2 Detektiv Reimann macht eine Stadttour. Beschreib seinen Weg.

~ Arbeitsheft, S. 62

Er geht … *in die Lessingsstraße. Er geht…* *und* … *in die Luisenstraße.*

4 Phonetik!

1. Hör gut zu. **2. Hör zu und lies mit!**

3. Hör zu und sprich nach!

Z Das ist mein Zimmer. Wo ist das Esszimmer? Hier, neben dem Wohnzimmer. Das Sofa ist schwarz.
Wir spielen zu zweit gegen die Zeit!

1. Dire où l'on habite

Video GRAMMATIK der Film!

***les prépositions* in *et* an**

wohnen

„Ich wohne **in der Stadt**."
„Ich wohne **in der Schillerstraße**."
„Ich wohne **im dritten Stock**."
„Ich wohne **am Lessingplatz**."

in + datif → in **der Stadt**
in + datif → in **der Straße**
in + datif → im … **Stock** [in + dem = im]
an + datif → am …**platz** [an + dem = am]

Pour dire où tu habites, la préposition ***in*** est à placer devant le lieu (la ville, la rue, l'étage). Si tu habites sur une place, tu utilises la préposition ***an***. Le groupe nominal se décline alors au datif. Pour connaître mieux ce cas, réfère-toi au dernier tableau de la page 69.

www.didier-richtigclever.com

2. Localiser quelque chose ou quelqu'un

***à l'aide des prépositions* an, auf, vor**

„Wo steht dein Schreibtisch?"
„**Vor** dem Fenster."

vor + datif → vor **dem Fenster**

„Wo malst du?"
„**Am** Schreibtisch."

an + datif → am **Schreibtisch** [am = an dem]

„Wo liest du gern?"
„**Auf** dem Sofa."

auf + datif → auf **dem Sofa**

Les prépositions ci-dessus permettent d'indiquer où se trouve un objet ou une personne : ***vor*** (*devant*), ***an*** (*à, près de*) ***auf*** (*sur*). Le groupe nominal se met au datif.

3. Dire ce qui appartient à quelqu'un

à l'aide de du déterminant possessif

Hier wohnt Marc. **Sein** Zimmer ist modern.
Hier wohnt Chiara. **Ihr** Zimmer ist schön.

[er] --- sein +nom
[sie] ---ihr + nom

À la troisième personne du singulier, le déterminant possessif dépend du genre de celui ou de celle à qui quelque chose appartient. Tu peux comparer avec l'anglais : ***Tom – his room*** / ***Rose – her room***.

4. Dire que l'on aime ou apprécie

le verbe mögen

mögen

„Ich mag mein Zimmer."
„Magst du diese Farbe?"

ich mag	wir mögen
du magst	ihr mögt
er mag	sie mögen

Le verbe ***mögen*** (*aimer, apprécier*) fait partie des six verbes de modalité. Au présent de l'indicatif, ces verbes ont une conjugaison particulière pour les formes du singulier : absence de terminaison à la 1re et 2ème personne. Le verbe ***mögen*** change de voyelle aux trois personnes du singulier : le ***ö*** est remplacé par le ***a***.

5. Comment cela marche?

La déclinaison du groupe nominal (=GN)

Le **NOMINATIF** :
Le GN est sujet du verbe
Der Sessel ist blau.
Das Sofa ist grün.
Die Küche ist rot.

L'**ACCUSATIF** :
Le GN est complément du verbe
Ich mag den Sessel.
Ich mag das Sofa.
Ich mag die Küche.

Le **DATIF** :
Une préposition demande ce cas : le locatif
Die Katze schläft auf dem Sessel.
Chiara ist im Wohnzimmer.
Marc ist in der Küche.

	Masculin	Neutre	Féminin
NOMINATIF	der Sessel	das Sofa	die Küche
ACCUSATIF	den Sessel	das Sofa	die Küche
DATIF	dem Sessel	dem Sofa	der Küche

Üben

1 Wo wohnt er? Wo wohnt sie? Bilde Sätze.

Arbeitsheft, S. 63

Beispiel: Andreas? Benzstraße. → „Andreas wohnt in der Benzstraße."

Sebastian → Porschestraße
Vanessa? → Lanzstraße
Mila? → Dieselstraße
Michael? → Lessingplatz

2 Eine Szene in meinem Zimmer. Ergänze den Text.

Arbeitsheft, S. 63

Meine  ... liegt ...  ... . Ich sitze ...  ... und lese. Mein  ... schläft ... dem 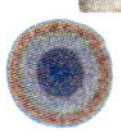 ... vor dem  ... .

3 Du kommst in eine Familie, und dein Freund/deine Freundin zeigt dir die Wohnung. Ergänze den Text.

Arbeitsheft, S. 63/64

„Hallo, Willkommen bei uns zu Hause. Hier ist mein Zimmer. Ich habe einen Bruder, Fabian, hier ist ... Zimmer. Fabian mag Videospiele, aber ...Computer ist kaputt. Ich habe auch eine Schwester, das hier ist ... Zimmer – ... Hamster wohnt auch da."

RICHTIG CLEVER LERNEN!

Dialoguer en allemand ... et dans toutes les langues

Dans beaucoup de situations de la vie courante, on parle avec une ou plusieurs personnes.

On répond alors à une question, on échange des informations, demande une précision...

p. 56, 1.

Écoute et observe le dialogue entre Annika qui demande son chemin et le passant.

p. 58, 1

Ensuite, entraîne-toi avec un partenaire dans une situation semblable.

Une personne en face de toi, au téléphone ou à l'écran voudrait des informations.

Il te pose alors des questions. Écoute bien pour lui donner les renseignements qui correspondent à la question.

Si tu n'es pas certain d'avoir bien compris, tu peux redemander :

„Wie bitte? “

„Kannst du das bitte wiederholen?

p. 60,1

Marc est sur Skype avec son correspondant qui lui pose des questions sur sa chambre. Écoute leur échange pour réaliser la tâche ci-dessous.

p.60, Projektaufgabe

Dialoguer à propos d'une chambre.

Comment faut-il y répondre ?

Ton interlocuteur attend une information exacte et rapide.

Réponds donc brièvement avec l'information qu'il attend.

Frage: „Wo wohnst du?“
Antwort: „In Düsseldorf.“

Frage: „Wo ist Marlens Zimmer?“
Antwort: „Hier links.“

Frage: „Was ist deine Lieblingsfarbe?“
Antwort: „Blau.“

Lors d'une discussion, tu peux être amené(e) par exemple à donner une explication plus longue.

Tu passes alors à l'expression orale en continu.

p. 38

Lis la fiche „Expression orale en continu.“

Pour la prononciation des mots et l'intonation des phrases, écoute attentivement les modèles sonores dont tu disposes.

Connecte-toi sur le site compagnon **www.didier-richtigclever.com**. Tu y trouveras de nombreux fichiers mp3 téléchargeables.

Schule macht Spaß!

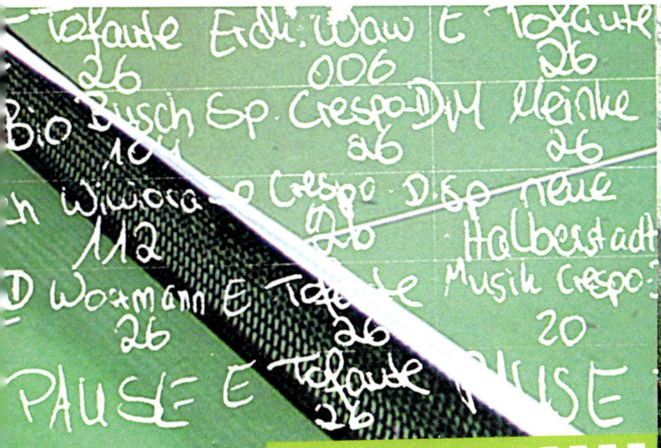

MES OBJECTIFS

Dans ce *Lernpaket*, je m'entraîne à :

- comprendre un élève qui parle de sa vie à l'école, de ses matières et ses activités.
- parler de mon emploi du temps, des matières que j'aime et dire pourquoi.
- échanger sur un sujet connu, demander l'avis d'une personne sur ce qu'elle aime à l'école.
- comprendre un emploi du temps, un texte de présentation d'activités.
- écrire de courts textes de présentation pour un forum.

Die Tops am Comenius-Gymnasium

1 Was machen die Schüler gern? Assoziere Fotos und Aktivitäten.

~→ Arbeitsheft, S. 67

Das Comenius-Magazin

A

B

C

Unsere Tops:
Freunde treffen*, einen O-Saft kaufen, mit dem Fahrrad zur Schule kommen, mit Freunden spielen, in der Pause Musik hören, mit Freunden lernen

D

E

F

*Freunde treffen: *rencontrer des amis*

2 Chiara und Tamaro sprechen über ihre Pausen. Was macht Chiara gern? Und Tamaro?

~→ Arbeitsheft, S. 68

im Foyer Billard spielen - auf dem Pausenhof Musik hören - Tischfußball spielen - in der Bibliothek lesen - Tischtennis spielen - Fußball spielen - mit Freunden diskutieren

In meiner Klasse

3 a. Hör zu und finde die Fächer auf dem Stundenplan.

Arbeitsheft, S. 69

Beispiel: „Geschichte habe ich am Montag in der ersten Stunde, am…"

	MONTAG	DIENSTAG	MITTWOCH	DONNERSTAG	FREITAG
8.00 - 8.45 Uhr	Geschichte	Erdkunde	Biologie	Mathematik	Deutsch
8.50 - 9.35 Uhr	Englisch	Erdkunde	Englisch	Mathematik	Deutsch
9.40 - 10.25 Uhr	Biologie	Spanisch	Mathematik	Deutsch	Mathematik
10.40 - 11.35 Uhr	Chemie	Spanisch	Sport	Spanisch	Musik
11.40 - 12.25 Uhr	Deutsch	Englisch	Musik	Geschichte	Sport
12.30 - 13.15 Uhr	PAUSE	Englisch	PAUSE	PAUSE	Sport
13.35 - 14.20 Uhr	Spanisch		Religion	Chemie	
14.25 - 15.10 Uhr	Lernzeit		Religion	Kunst	
15.20 - 16.05 Uhr					

Wortschatz
Geschichte: *Histoire*
Erdkunde: *Géographie*
Kunst: *Arts plastiques*

b. Wie viele Wochenstunden pro Fach hat Annika?

Arbeitsheft, S. 69/70

Beispiel: Sie hat vier Stunden Englisch.

4 Eine Umfrage in der 7d: Was ist ihr Lieblingstag in der Schule? Warum?

Arbeitsheft, S. 70

PROJEKT-AUFGABE

Und in deiner Klasse?
Was ist der Lieblingstag?
Macht eine Umfrage!

1 Wo sind die Schüler? Was machen sie? Assoziere jeden Ort mit einer Aktivität!

Arbeitsheft, S. 71

A

Kantine

B

Pausenhof

C

Sporthalle

D

Bibliothek

E

Pausenraum

- essen
- lesen
- Hausaufgaben machen
- Billard spielen
- trainieren
- Musik hören

2 Lies Text 1: Eine Farbe ■, ■ oder ■ = eine Information: Pausenaktivität, Sport, Ort. Assoziere.

Arbeitsheft, S. 71

Text 1

Am Comenius-Gymnasium haben wir zwei große Pausen.
Auf dem Pausenhof spielen wir oft Fußball oder Basketball. Wir haben auch zwei Tischtennisplatten. Im Pausenraum haben wir zwei Tischkicker[1] und einen Billardtisch.
Wir treffen Freunde, hören Musik, simsen, lachen… Das macht Spaß!
Im Büdchen[2] können wir auch ein Brötchen oder einen O-Saft kaufen :)
In der Pause machen wir aber nie Hausaufgaben!

www.pausenblog.de

Text 2

Am Max-Planck-Gymnasium sind die Pausen immer super! Im Schulkiosk kaufe ich oft ein Brötchen oder Obst. Wir können im Foyer Musik hören oder Comics lesen.
Auf dem Pausenhof spielen wir manchmal Fußball. Ich möchte gern Tischkicker spielen, aber leider gibt es das Spiel bei uns nicht :-(. Im Winter ist es manchmal kalt. Dann gehen wir in die Bibliothek.

immer
= jeden Tag
oft
manchmal
nie

1. der Tischkicker = der Tischfußball – das Büdchen: *le kiosque*

Text 2 **Du bist dran!**

a. Schreib Text 2 in dein Heft ab.
b. Markiere Pausenaktivitäten, Sport und Orte mit der richtigen Farbe!

3 **Lies die Texte aus dem Forum „Schule macht Spaß!". Was mögen Kai und Alexia? Warum?**

→ Arbeitsheft, S. 72

Hey !
Ich mag den Dienstag, weil ich um 14 Uhr fertig bin!
Am Dienstag habe ich zwei Stunden Sport und zwei Stunden Mathe, das ist toll ! Und dann eine Stunde Musik – ich liebe Musik.

Hallo,
ich bin die Alexia ! Ich interessiere mich für die Antike und Ägypten. Am Freitag habe ich zwei Stunden Geschichte, das ist super!
Am Mittwoch habe ich Kunst - ich male gern, und ich mag die Lehrerin.
Am Donnertag habe ich Physik ☺ - ich mag Experimente!

4 **a. Beschreib deinen Lieblingstag in der Schule.**

b. Und Du, was ist dein Lieblingstag in der Schule? Warum?

5 **Du hast eine Minute Zeit: Mach das Schul-ABC!**

→ Arbeitsheft, S. 72/73

A Aufgabe	N ....
B	O ....
C	P ....
K	
L	....
M	Z ....

Super Projekte in der Schule!

1 Lies den Artikel und notiere:
– das Fach und das Projekt,
– warum es gut ist.

→ Arbeitsheft, S. 73

Schulreporter Thomas ist heute am Comenius-Gymnasium und entdeckt tolle Projekte. Schüler kommentieren:

„Im Englischunterricht schreiben wir ein Gedicht und wir slamen. Das ist super!"

„Im Biounterricht machen wir Experimente! Wir beobachten auch mit dem Mikroskop. Wie das ist? Neu und interessant."

„Im Musikunterricht komponieren wir ein Musikstück mit einem Synthesizer und einem Glockenspiel! Das ist nicht leicht. Aber wir haben Talent!"

„Im Erdkundeunterricht zeichnen wir Pläne und machen Fotos der Stadt. Du bist sehr präzise, anders funktioniert das nicht."

2 Was brauchen die Schüler für ihr Projekt?

Beispiel: Für das Slam-Projekt brauchen sie einen Synthesizer.

ein Mikroskop

ein Blatt Papier

ein Bleistift

ein Wörterbuch

ein Computer

ein Stadtplan

eine Kamera

eine Karte

ein Lineal

ein Synthesizer

eine Schere

ein Glockenspiel

3 Hör dir die Interviews an und notiere für jeden Schüler:
- bei welchem Projekt er/sie mitmacht,
- was er/sie dafür braucht,
- welches Projekt er/sie mag,
- warum.

→ Arbeitsheft, S. 74

4 Lies den Artikel und notiere:
- das Projekt,
- wer mitmacht,
- den Ort und die Zeit.

→ Arbeitsheft, S. 74

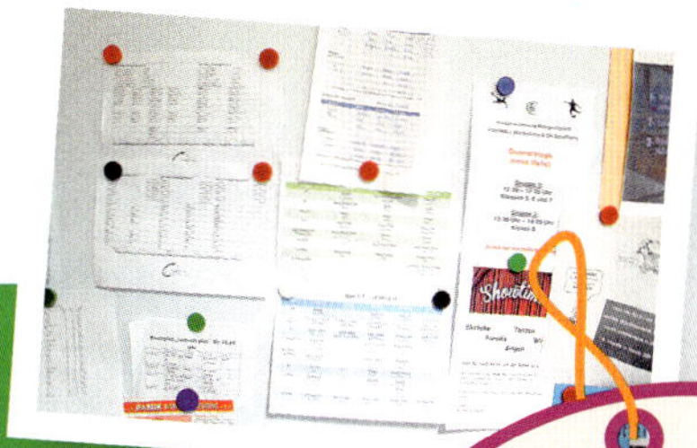

Thema der Woche: eine kreative Schule!

Ein Super-Projekt am Comenius!

Jeden Dienstag um 14 Uhr treffen sich die Schüler der 7d im Raum 111. Was machen sie da ? Sie lesen Texte, hören Musik, suchen auch nach Informationen im Internet... Manchmal brauchen sie auch ein Wörterbuch oder den Lehrer!

Im April beginnt dann die kreative Arbeit: Sie schreiben Texte auf Englisch und dann machen sie einen Poetry-Slam in der Klasse! Wer den meisten Applaus bekommt, gewinnt!

Bravo an die 7d für die schöne Idee und viel Spaß!

PROJEKT-AUFGABE

Du hast auch Projekte. Mit einem oder zwei Mitschülern schreibst du einen Bericht.

→ Arbeitsheft, S. 75

Video
Zukunftsmacher - Drucken in 3D
www.didier-richtigclever.com

TRAINIEREN

1 Für jedes Projekt das passende Material!

~ Arbeitsheft, S. 75/76

Beispiel: Ich möchte schreiben. Ich brauche einen Kuli und ein Heft.

2 Originelle Projekte! Lies die Texte und finde die wichtigen Informationen wieder: Was, in welchem Fach, mit wem, Material.

~ Arbeitsheft, S. 76/77

Text 1

Dieses Jahr gibt es tolle Ideen am Europa-Gymnasium.
Die 7a baut im Physikunterricht eine Lupe aus Wasser und Plastik. Ein Stück Karton, Wasser, eine Schere: Schon ist die Lupe fertig! Danke, Frau Paoli. Interessant, oder?

Text 2

Deutsch macht Spaß mit Rap!
Goethe lesen ohne Langeweile! In der 7f des Lessing-Gymnasiums schreiben die Schüler Raptexte. Als Modell nehmen sie klassische Texte. Dafür brauchen sie ein Buch, Papier und einen Synthesizer für den Rhythmus: Das ist cool!

Text 3

Wie Picasso, Leonardo Da Vinci oder Paul Klee malen? Ja, super! Ein Pinsel, ein Blatt Papier und Farben: Das ist das Projekt der Paul-Klee-Schule in Berlin. Jeden Freitag um 13 Uhr im Kunstraum mit Herrn Lehmann!

3 Schau dir die Liste mit Projekten an und hör zu: Wer macht was?

~~ Arbeitsheft, S. 77

Bio-Projekt:
Ein Tag bei Dinosauriern

Musik-Projekt:
Wir lesen eine Partitur und komponieren!

Geschichts-Projekt:
Leben im 19. Jahrhundert

4 Ein Projekt am Goethe-Gymnasium

SCHRITT 1: **Lies die Informationen auf dem Zettel.**
SCHRITT 2: **Notiere Verben.**
SCHRITT 3: **Stell das Projekt vor.**

Klasse : 7e
Schule : Goethe-Gymnasium, Weimar
Schulfach : Englisch
Material : einen Computer, ein Wörterbuch, Papier, bunte Stifte
Projekt : den Englischraum dekorieren, Plakate

5 Ein tolles Projekt?! Lies das Beispiel und schreib in der Gruppe. Lest euer Projekt vor! Ist es realistisch?

Fragen zum Projekt	
Schüler 1	In welchem Fach ?
Schüler 2	Wo?
Schüler 3	Was?
Schüler 4	Was brauchen wir ?

Im Physik-unterricht

In der Mensa*.

Wir schreiben eine Filmszene.
Wir brauchen ein Mikroskop.

*die Mensa = die Kantine

Projekt Traumschule!

1 Lies die drei Artikel und assoziiere jeden Artikel mit einem Foto: Welcher Text passt zu welchem Bild?

2 Such die wichtigen Informationen in den Artikeln: Form, Farben, Materialien und liste sie auf. ⟶ Arbeitsheft, S. 78

A Bibliothek, Berlin

B Universität, Berlin

Text 1

Lernen wie im Raumschiff!

Beton, Glas und Stahl* sind die Materialien für diese moderne Bibliothek. Die Farben weiß und grau dominieren.
Die Atmosphäre ist futuristisch. Man kann sich hier gut konzentrieren, lesen oder im Internet nach Informationen suchen.

* der Stahl: *l'acier*

C Schulgebäude, Haus für Architektur, Berlin

Text 3

Kreativ und bunt!

Gelb, blau, grün... Diese Schule ist bunt und sehr originell! Die Fassade sieht aus wie eine Welle*. Die Atmosphäre ist sicher sehr angenehm. Die Klassenräume sind modern: hell und funktionell.

* die Welle: *la vague*

PROJEKT-AUFGABE

Meine Schule! (Name, Ort, Farben, Materialien, Möbel)

~ Arbeitsheft, S. 79

Text 2

Glas und Natur: Hier gibt es beides!

Diese Schule steht in einem Park. Die Konstruktion ist modern, aber überall sieht man die Natur: die Bäume, die Blumen und manchmal die Eichhörnchen[1] im Park. Die Möbel sind aus Holz: die Tische, die Schränke, die Stühle. Die Schüler sind fast wie in einem Baumhaus[2] -und das ist sehr lustig!

1. das Eichhörnchen: *l'écureuil*
2. das Baumhaus: *la cabane dans les arbres*

Tipps für dein Projekt

Wo? : in der Stadt? im Wald? am Meer?
Name: Ein Schriftsteller? Ein Musiker? Ein Maler?
Materialien : aus Beton, aus Glas, aus Holz, aus Aluminium, aus Plastik ...

WORTSCHATZ

› Schule & Projekte

die Schule (die Schulen)
das Gymnasium
die Klasse (die Klassen)

lernen
Spaß machen

der Raum (die Räume)
die Bibliothek
die Kantine
die Sporthalle

zur Schule gehen
mit dem Fahrrad zur Schule fahren
seine Freunde treffen

der Schüler (die Schüler) /
die Schülerin (die Schülerinnen)
der Lehrer (die Lehrer) /
die Lehrerin (die Lehrerinnen)
der Stundenplan (die Stundenpläne)
das Fach (die Fächer)
der Unterricht
die Pause (die Pausen)

Deutsch
Englisch
Mathematik
Französisch
Spanisch
Geschichte
Erdkunde
Biologie
Physik
Chemie
Sport
Musik
Kunst

das Projekt (die Projekte)
Musik komponieren
ein Gedicht (Gedichte) schreiben
einen Text (Texte) auf Englisch schreiben
einen Plan (Pläne) zeichnen
ein Foto (Fotos) machen

Üben

1 Schreib einen dreisprachigen Stundenplan!

Montag Monday Lundi	D_ _ _ _ _ _ _ T M	M_ _ _ _ _	D_ _ _ _ _ _ _ _ _	F_ _ _ _ _ _
German	Chemistry	SVT	Französisch	Musique
Maths	Geschichte	Geography	French	Music
Physical Education	German	Mathematics	Musique	Französisch
Espagnol	Allemand		Anglais	Erdkunde

2 Rund um die Schule. Ein Buchstabe, ein Wort! Finde die Wörter so schnell wie möglich!

B wie *Biologie*
D wie
E wie

F wie
G wie
H wie

K wie
L wie
M wie

P wie
R wie
S wie

U wie
Z wie

3 Das alles kann man machen. Bilde logische Sätze.

Ich schreibe einen Text.

schreiben
lesen
komponieren
lernen
zeichnen
machen
malen

... ein Gedicht
... einen Text
... ein Lied
... ein Bild
... ein Experiment
... ein Foto

4 Phonetik!

1. Hör gut zu. **2. Hör zu und lies mit!**

3. Hör zu und sprich nach!

sp / st *Sport steht auf dem Stundenplan. Sprachen machen mir Spaß.*

eu / au / ei / äu *Wir treffen Freunde auf dem Pausenhof.*
Wir haben Deutsch in Raum drei.
Die zwei Räume sind heute frei.

www.didier-richtigclever.com

GRAMMATIK

1. Dire pourquoi à l'aide de

Video GRAMMATIK der Film!

la conjonction de subordination weil.

S'exprimer à l'oral et à l'écrit : argumenter
„Ich mag den Dienstag, **weil** ich um 14 Uhr fertig **bin**."

PHRASE PRINCIPALE	SUBORDONNÉE	POSITION FINALE
„..., *weil*	...	verbe conjugué."

S'exprimer à l'oral : discuter
„Ich mag den Dienstag!"
„**Warum**?"

„**Weil** ich um 14 Uhr fertig **bin**!"

„...!"
„...?"

SUBORDONNÉE		POSITION FINALE
Weil	...	verbe conjugué."

Le mot interrogatif ***warum*** interroge la cause. La conjonction ***weil*** introduit une subordonnée de causalité. Le verbe conjugué de la subordonnée se trouve en fin de construction. A l'oral, lors d'une discussion, il est fréquent de ne pas reproduire le fait énoncé (***„Ich mag den Dienstag.")*** mais de débuter directement la subordonnée de causalité. Ceci ne modifie pas l'ordre des mots.

www.didier-richtigclever.com

2. Comment cela marche?

Le groupe nominal indéfini au nominatif et à l'accusatif

	NOMINATIF	ACCUSATIF
Masculin	*ein*	*einen*
Neutre	*ein*	*ein*
Féminin	*eine*	*eine*
pluriel	Ø	Ø

Nominatif
Hier sind **ein Pinsel**,
ein Blatt Papier,
eine Schere
und **Bleistift**e.

Accusatif
Ich kaufe **einen Orangensaft**.
Ich kaufe **ein Brötchen**.
Ich nehme **eine Schere**.
Sie lesen **Texte**.

Au nominatif, l'article indéfini n'a pas de marque de cas ni au masculin ni au neutre, la forme ***ein*** étant la forme de base. Seul le féminin prend une marque : **eine Schere**.
À l'accusatif, seul le masculin subit une modification : **einen Orangensaft**.
Le pluriel indéfini se construit sans article : ***Bleistifte*** (*des crayons*), ***Texte*** (*des textes*).

3. Combiner des éléments

comprendre et construire des mots composés

Auf dem **Pausenhof** spielen wir.
In der **Englischstunde** schreiben wir ein Gedicht.
Wir brauchen ein **Wörterbuch**.
Dienstag ist mein **Lieblingstag**.

der Hof + die Pausen (pl.): der Pausenhof
die Stunde + Englisch: die Englischstunde

das Buch + die Wörter: das Wörterbuch
der Tag + der Liebling: der Lieblingstag

Les mots composés sont fréquents en allemand. Le mot de base (exemple : **der Hof** = *la cour*) est précisé par un mot qui le précède et qui y est accolé directement. Exemple : **die Pausen** (*les récréations*) = **der Pausenhof** (*la cour de récréation*). Le mot de base détermine le genre. Le mot qui précède porte l'accent : ***die Englischstunde*** = *le cours d'anglais* ; die **Englischstunden** = *les cours d'anglais*. Un certain nombre de mots composés comportent un ***s*** de liaison ce qui facilite la prononciation (***mein Lieblingstag***: *ma journée préférée*).

Üben

1 Sag warum... Gib zwei Antworten für jedes Projekt!

Beispiel: Warum machst du beim Musikprojekt mit? → „Weil ich gerne Klavier spiele."

Warum machst du beim Musikprojekt mit?	gern – tanzen / singen / Klavier spielen / im Chor singen
Warum machst du beim Bio-Projekt mit?	Experimente machen / mit dem Mikroskop beobachten / die Natur mögen
Warum machst du beim Theaterprojekt mit?	Texte lesen / eine Rolle spielen / Texte schreiben / improvisieren / in einer Gruppe spielen

2 Theater im Deutschunterricht! Sag, was du brauchst.

Beispiel: Wir spielen Theater und wir brauchen einen Tisch.

RICHTIG CLEVER LERNEN!

Lire en allemand …
et dans toutes les langues étrangères !

Avant de commencer la lecture d'un texte, observe d'abord le contexte dans lequel il est présenté :

S'agit-il d'un mail ? D'un SMS ?
D'un article d'un journal ?
Connais-tu l'auteur ? La thématique ?
Y-a-t-il des photos, des illustrations ? …

p. 76, 1

Plusieurs indices vont t'aider à te faire une première idée du contenu du texte :
- le titre,
- les photos,
- le lieu.

Lors de la première lecture,

concentre-toi sur tout ce que tu peux comprendre du texte.

C'est plus facile que de s'arrêter sans cesse sur ce que tu ne comprends pas encore !

p. 76, 1

Appuie-toi sur
- des mots que tu connais ou que tu peux comprendre facilement,
- des noms de lieux et de personnes,
- des données chiffrées (âge, heure, année…).

Lors de la deuxième lecture,

tu cherches à aller plus loin en mobilisant toutes les autres ressources dont tu disposes.

p. 76, 1

- Comprendre des mots « transparents » dont la compréhension est aidée par l'anglais et/ou le français: *Projekt, Reporter, kommentieren, Talent*, …
- Inférer le sens par la phrase complète : *Wir beobachten auch mit dem Mikroskop.* Tu ne connais peut-être pas le verbe *beobachten.* Mais tu sais ce que l'on fait avec un microscope !

Pour structurer ta compréhension, tu peux par exemple choisir un code couleur pour repérer les différentes catégories. De cette manière, tu classes les informations.

p. 74, 2

Chaque couleur correspond à une information.

Quand tu liras des textes plus longs, un dictionnaire pourra t'être utile.

Il faudra apprendre à s'en servir avec parcimonie…, mais avant de chercher dans le dictionnaire, pense bien à toutes les astuces vues plus haut !

Viel Spaß beim Lesen!

Va sur le site **www.didier-richtigclever.com** pour retrouver les textes du manuel et des exercices pour t'entraîner !

Wir sind Freunde!

MES OBJECTIFS

Dans ce *Lernpaket*, je m'entraîne à :

- comprendre de brefs échanges entre amis et des témoignages au sujet de l'amitié.
- dire ce que j'aime faire avec mes amis, commenter une citation au sujet de l'amitié.
- répondre à des questions sur l'amitié.
- comprendre de courts textes qui parlent de l'amitié et une interview au sujet de l'amitié dans les livres.
- écrire un texte sur mon meilleur ami, ma meilleure amie en m'inspirant d'un modèle.

Unser Freundschaftsalbum

1 **Sieh dir die Fotos an und hör dir die Dialoge an. Was gehört zusammen?**

Arbeitsheft, S. 87

1 Wir sechs sind Freunde!

2 Hilfe bei den Hausaufgaben

3 In der Comenius-Mensa

4 „simsen" und telefonieren

5 Mit dem Fahrrad unterwegs

6 Fußballfreunde

2 a. Lies die vier SMS. Wer schreibt? An wen? Sammle Indizien auf Seite 88.

~ Arbeitsheft, S. 90

b. Ein Freund / Eine Freundin schreibt noch. Schreib diese SMS.

3 Sieh dir die Liste an. Was machen die Freunde aus Düsseldorf? Was kann man mit Freunden noch machen?

Was Freunde machen:

- Fahrrad fahren
- Fußball spielen
- Shoppen gehen
- spielen
- Musik hören
- Filme anschauen
- zusammen essen
- sich bei den Hausaufgaben helfen
- „simsen" und telefonieren
- miteinander reden*
- einfach zusammen sein

*miteinander reden: *discuter ensemble*

PROJEKT-AUFGABE

Was machst du mit Freunden?

TRAINIEREN

1 Was machst du gern mit deinem Freund/ deiner Freundin?

Arbeitsheft, S. 88

Beispiel: Mit meinem Freund/meiner Freundin...

2 Du hörst jetzt drei Dialoge (1-3). Assoziiere die Fotos und die Dialoge.

Arbeitsheft, S. 89

3 Meine Freunde!

Partner A liest Text A, Partner B liest Text B. Beide machen sich Notizen: Name, Alter, Schule, Klasse, Wohnort, Freund/in, Aktivitäten...

~ Arbeitsheft, S. 91

Partner A stellt Fragen zum Text B, Partner B antwortet. Dann stellt Partner B Fragen zum Text A, Partner B antwortet.

~ Arbeitsheft, S. 91

A

Ich bin Anna. Ich bin 12 Jahre alt. Meine beste Freundin heißt Nina. Sie ist auch 12. Wir wohnen in Köln. Wir sind oft zusammen. Wir gehen ins Schiller-Gymnasium. Wir sind in der Klasse 7a. Wir singen im Schulchor und spielen im Schulorchester.
Nina kommt oft zu mir. Wir helfen uns bei den Hausaufgaben oder sehen uns eine DVD an. Wir spielen auch Karten oder zeichnen.

Anna ☺

B

Meine Freunde sind Alex und Emily. Wir wohnen alle in Essen und sind 13 Jahre alt. Wir gehen ins Goethe-Gymnasium Klasse 8d. In den Pausen spiele ich oft mit Alex und Emily. Wir reden viel zusammen. Wir reden über Sport, Musik und Filme... Wir verstehen uns richtig gut.
Bei mir zu Hause spielen wir zusammen Basketball im Garten oder wir schauen uns Videos an. Wir haben immer viel Spaß.

Samuel

4 Schreib einen Text zum Thema „Mein bester Freund/ meine beste Freundin“.

Tipp: Nimm die Texte in 3 A und B als Modelle. Du kannst sie kombinieren!

Einfach Freunde!

1 **Sieh dir jedes Foto an und lies das Zitat. Ordne es einem Aspekt der Freundschaft zu.**

Arbeitsheft, S. 92/93

2 **Welches Zitat gefällt dir besonders?**

Mit ihm kann ich alles machen. Er ist mein bester Freund.

Sie ist immer für mich da. Auch wenn ich traurig bin oder es mir nicht so gut geht.

Wir mögen uns alle drei. Wir sind gern zusammen. Wir müssen nicht immer reden*. Manchmal lesen wir sogar zusammen.

* reden: *parler*

Wir lachen viel zusammen. Sie ist nett und dynamisch. Auch das mag ich an ihr.

Ich habe kein Geheimnis[1] vor ihr. Ich vertraue[2] ihr. Sie weiß einfach alles über mich.

1. das Geheimnis: *le secret* – 2. vertrauen: *faire confiance*

Aspekte von Freundschaft

- da sein, wenn der Freund traurig ist
- gemeinsame Aktivitäten und Interessen haben
- einfach zusammen sein
- sich alles sagen können
- Spaß haben

3 **Macht eine Umfrage in der Klasse: Welche Aspekte von Freundschaft sind wichtig?**

Freundschaft – im Leben und in Büchern

4 **Hör dir die Interviews an und notiere:**
- **Was mögen die Schüler an ihren Freunden?**
- **Was machen sie mit ihnen?**
- **Was ist wichtig für die Freundschaft?**

Arbeitsheft, S. 95/96

5 **Die Schülerzeitung des Comenius-Gymnasiums macht ein Interview mit Chiara.**
- **Welche Bücher mag Chiara?**
- **Was sagt sie über Freundschaft?**

Arbeitsheft, S. 96/97

Chiara, du liest gern und viel!
Ja, das stimmt.

Was sind deine Top-Bücher?
Oh, das ist schwierig. Ich mag Abenteuerbücher. Zum Beispiel „Robinson Crusoe" von Daniel Defoe. Aber ich mag auch Science-Fiction-Romane und Reisebücher. Und spannende Romane… Ich lese gerade „Emil und die Detektive" als Comic. Das Buch mag ich sehr.

Also auch Bücher über Freundschaft?
Ja, weil Freunde wichtig sind. Ich denke besonders an meine Freundinnen, aber auch an meine Freunde. Wir helfen uns, wir sind solidarisch. Wir haben keine Geheimisse. Und ich vertraue ihnen total.

Danke, Chiara!

PROJEKT-AUFGABE

Ein guter Freund/eine gute Freundin – im Leben oder in einem Buch. Schreibe einen Text über ihn/über sie.

Und du? Wie siehst du es? Antworte auf die Fragen der Schülerzeitung.

Video
Kika macht den Freundschaftstest
www.didier-richtigclever.com

1 Lies die drei Dialoge und ergänze.

Arbeitsheft, S. 94

Tipp: Hier stehen die 3 Wörter für die Dialoge. Du brauchst: **ihm, ihr** oder **dir.**

a. Emily und Annabel sind Freundinnen. Was sagt Emily zu Annabel?

„Emily, schön, dass wir uns kennen! Mit ... kann ich alles machen!“

„Ja, das finde ich auch. Ich habe kein Geheimnis vor ...! Ich vertraue ...! Das mag ich an ...!“

b. Emily spricht mit ihrer Mutter über Annabel.

„Und Annabel?“

„Annabel? Das ist eine super Freundin! Ich habe kein Geheimnis vor... . Ich vertraue ... total.“

„Das ist schön. Eine gute Freundin haben, das möchte jeder.“

„Mit ... kann ich alles machen! Das mag ich an ... !“

c. Stefan und Andreas sind Freunde. Stefan spricht mit seinem Vater über Andreas.

„Und Andreas? Seid ihr gute Freunde?“

„Na klar, mit ...kann ich alles machen. Ich vertraue .... Wir machen viel zusammen. Er ist nett und immer gut gelaunt. Das mag ich an ... .“

2 **Was sagt ein guter Freund? Lies die Sätze in 1-4 und A-D. Was passt zusammen?**

→ Arbeitsheft, S. 95

Vergleiche die Resultate mit deinem Partner. Seid ihr einverstanden? Spielt dann die Dialoge.

1 *Mir geht es nicht gut.*

2 *Ich erzähle dir etwas. Es ist aber ein Geheimnis.*

3 *Ich verstehe diese Übung nicht.*

4 *Ich habe Probleme mit meinen Eltern.*

A *Zeig mal dein Heft. Ich glaube, ich weiß wie es geht.*

B *Sag mal. Vielleicht kann ich dir helfen.*

C *Was hast du denn?*

D *Keine Angst. Ich erzähle nichts.*

3 **Hör zu. Stefan, Hannah und Annabel präsentieren ihre Lieblingsbücher über Freundschaft.**
– Wer mag was?
– Was finden sie gut?

→ Arbeitsheft, S. 97/98

A

B

C

Freundschaft: Was ist dein Lieblingsbuch? Oder Lieblingsfilm oder -serie? Was findest du gut?

→ Arbeitsheft, S. 97/98

BILDER & TEXTE

Ein Bestseller als Comic

1 Lies die Informationen über den Autor und den Roman. Kennst du den Roman „Emil und die Detektive“? Das Buch? Den Film? Den Comic?

Der Autor

Erich Kästner
Schriftsteller
geboren 1899 in Dresden
gestorben 1974 in München

Seine Kinderbücher

Emil und die Detektive (1929)
Pünktchen und Anton (1931)
Das fliegende Klassenzimmer (1933)
Das doppelte Lottchen (1949)
...

Emil und die Detektive

1929. Emil Tischbein fährt allein nach Berlin zu seiner Tante. Aber im Zug stiehlt[1] ein Mann ihm Geld[2]. Gustav und seine Freunde wollen Emil helfen...

1. stehlen: *voler* – 2. das Geld: *l'argent*

Ein Bestseller

Roman übersetzt in 59 Sprachen. 2 Millionen Exemplare in Deutschland. Adaptationen als Spielfilm, Theaterstück und Comic.
Der Comic ist von Isabel Kreitz.

2 Sieh dir die Bilder an. Verstehst du, was passiert? Lies die Texte der Sprechblasen und ordne sie zu. Seid ihr alle einverstanden? ~ Arbeitsheft, S. 99

3 Hör dir den Dialog an. Korrigier dann eventuelle Fehler.

Wollen Sie mir bitte schön einen Hundertmarkschein[1] in zwei Fünfziger umtauschen[2] und für vierzig Mark Silber[3] geben?

1. der Hundertmarkschein: *le billet de 100 Mark* – 2. umtauschen: *changer* – 3. vierzig Mark Silber: *40 Mark en pièces*

So eine Frechheit ist mir im ganzen Leben noch nicht vorgekommen.*

* *Quelle insolence ! Je n'ai jamais vu ça de ma vie !*

Er will es nur umtauschen, damit man ihm nichts nachweisen kann*.

* afin qu'on ne puisse rien prouver

Es gehört* einem Freund von mir!

* gehören: *appartenir*

Sie wünschen?

Moment!

Was?

Das Geld ist gestohlen!

PROJEKT-AUFGABE

Lernt die Szene und spielt!

WORTSCHATZ

› Wir sind gern zusammen!

die Freundschaft
der Freund (die Freunde)
die Freundin (die Freundinnen)
der beste Freund
die beste Freundin

nett
dynamisch
lustig
immer gut gelaunt
gern zusammen
} sein

› Das macht ein Freund / eine Freundin

Ich bin traurig.
Es geht mir nicht gut.
Ich brauche Hilfe.

Er/Sie
weiß alles über mich.
hilft mir.
ist immer da.

Wir
reden über alles.
verstehen uns gut.
sind solidarisch.

Ich
habe kein Geheimnis vor ihm / ihr.

mögen an + *datif*
Das mag ich an ihr!
Das mag ich an ihm!

helfen + *datif*
Ich helfe dir.
Du hilfst mir.
vertrauen + *datif*
Ich vertraue dir.

Üben

1 Clever, der Wortdetektiv!

Mach die Mindmap auf Deutsch!

2 **Ergänze die Sätze.**

Das alles machen wir: Wir 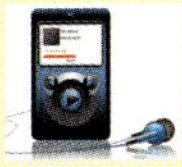, wir , wir , wir , wir .

Finde die Adjektive für deinen Freund.

Er ist n..., dyn... und l... .

Ergänze mit den Verben.

Wir h... uns, wir r... über alles, wir v... uns.

3 **Phonetik!**

1. Hör gut zu. **2. Hör zu und lies mit!**

3. Hör zu und sprich nach!

b, d, g *Ich mag meinen Freund, er ist lieb. Seid ihr gute Freunde?*
Ein Dieb! Ein Dieb! Das Geld ist weg!

www.didier-richtigclever.com

GRAMMATIK

1. Dire ce que l'on sait

Sie **weiß** alles über mich.

à l'aide du verbe wissen

ich	weiß
du	weißt
er, sie, es	weiß
wir	wissen
ihr	wisst
sie	wissen

Le verbe ***wissen*** (savoir, être au courant) suit une conjugaison particulière au présent de l'indicatif : au singulier, il faut remplacer la voyelle ***i*** par la diphtongue ***ei*** ; il n'y a pas de terminaisons ni à la 1re ni à la 3e personne.

2. a. Les prépositions

Wir spielen **bei** mir.
Ich spiele gerne Fußball **mit** dir.
Das ist ein Freund **von** mir.
Sie kommt oft **zu** mir.

toujours suivies du datif :

bei	+ datif
mit	+ datif
von	+ datif
zu	+ datif

Ces quatre prépositions font partie d'une série de sept prépositions. Elles sont **toujours** suivies du datif : ***aus*** (de), ***bei*** (chez), ***mit*** (avec), ***nach*** (à, après), ***seit*** (depuis), ***von*** (de), ***zu*** (à, chez)

b. Les verbes

Ich **helfe** dir.
Ich **vertraue** dir.
Ich **antworte** dir.

toujours suivis du datif:

helfen	+ datif
vertrauen	+ datif
antworten	+ datif

Les verbes ***helfen*** (aider qn), ***vertrauen*** (faire confiance à qn), ***antworten*** (répondre à qn) font partie d'une série. Ces verbes sont ***toujours*** suivis du ***datif***.

3. Les pronoms personnels

Ich mag Science-Fiction-Romane.
Er ist immer für **dich** da.
Mit **ihm** kann **ich** alles machen.
Ich vertraue **ihr**.
Wir sind gern zusammen.
Ich mag **euch**.
Sie sind gern zusammen.

au nominatif, datif, accusatif

NOMINATIF	ACCUSATIF	DATIF
ich	mich	mir
du	dich	dir
er, sie, es	ihn, sie, es	ihm, ihr, ihm
wir	uns	uns
ihr	euch	euch
sie	sie	ihnen

Quand un pronom personnel remplace un groupe nominal, il suit la même déclinaison. Le genre joue un rôle à la 3e personne du singulier où l'on retrouve la marque du cas du nom qu'elle remplace :
masculin : r n m **féminin** : ie ie r **neutre** : s s m

4. a. La négation

Video GRAMMATIK der Film!

à l'aide de **kein**

	Masculin	Neutre	Féminin	pluriel
NOM	kein	kein	keine	keine
ACC	keinen	kein	keine	keine

Ich habe **kein** Geheimnis vor ihr.
Ich habe **keine** Angst.
Wir haben **keine** Geheimnisse.

La négation d'un énoncé en présence d'un groupe nominal indéfini se fait à l'aide de ***kein-*** . Au singulier, ***kein-*** suit la même déclinaison que l'article indéfini. Au pluriel du nominatif et de l'accusatif, il faut ajouter un ***-e***.

www.didier-richtigclever.com

b. La négation

à l'aide de **nicht**

	infinitif
nicht reden	[reden]
nicht immer reden	[immer reden]
nicht gut gehen	[gut gehen]

Wir reden **nicht**.
Wir reden **nicht** immer.
Mir geht es **nicht** gut.

Dans les autres cas, la négation d'un énoncé se fait à l'aide de ***nicht*** qui se place, à l'infinitif, à gauche du groupe verbal. Dans les deux derniers exemples, les adverbes ***immer*** et ***gut*** font partie du groupe verbal.

Üben

1 Ergänze die Texte.

~~ Arbeitsheft, S. 101

A Das ist Valentin. __ ist immer für mich da. Ich mag __ sehr. Mit __ kann ich alles machen. Er hilft mir in Mathe, ich helfe __in Deutsch. Ich vertraue __.

B Das ist Julia. __ ist super nett. Ich sage __ alles. Ich habe keine Geheimnisse vor __ __ ist immer für mich da.

2 Der Text ist so negativ! Und jetzt sind sie wieder Freunde! Schreib den neuen Text.

~~ Arbeitsheft, S. 100

Ich mag dich nicht. Du bist kein Freund. Ich vertraue dir nicht. Mit dir kann man nicht reden. Du hörst nicht gut zu. Du bist nicht solidarisch.

3 Hallo, das stimmt gar nicht!

~~ Arbeitsheft, S. 100/101

Beispiel: „Ich habe keinen Freund!" → „Doch, du hast einen Freund!"

„Ich habe keine Freundin!"
„Ich habe kein Foto von dir!"
„Ich habe keine SMS von dir!"
„Ich habe keine Mail von dir!"

RICHTIG CLEVER LERNEN !

Ecrire en allemand ... et dans toutes les langues étrangères !

Ecrire un court texte en allemand : tu peux déjà y arriver !

Tu trouveras ici quelques idées pour bien construire ta progression !

Tu peux prendre modèle sur des textes qui correspondent à la même situation de communication.

De courts messages à un ami ou une amie (mail, sms) ont certaines caractéristiques : ils sont brefs et vont vite à l'essentiel...

Ils te seront utiles lorsque tu rédigeras le texte qui t'est demandé dans la tâche.

p. 89, 1

Des amis s'envoient des messages.
Le court message s'adresse directement à un (e) ami(e):
- Tu vas a l'essentiel : *„Fußball spielen mit dir ... "*
- Tu le/la tutoies : *„Du bist lustig!"*
- Tu fais des phrases brèves : *„Das finde ich toll."*
- Tu peux remercier: *„Danke für die Hilfe!"*
- Tu peux citer qn: *„Veronika sagt: Ja, er ist witzig."*

Ta tâche à effectuer : Rédiger le message à une amie à la place de Chiara.

De courts textes pour se présenter, parler de sa vie et de ses amis sont déjà plus construits. Des modèles sont à nouveau une bonne source d'inspiration.

p. 91, 3 textes A + B

Fais une checkliste en allemand avec les points que tu veux reprendre.
- *Ich: Name/Alter*
- *Freunde: wer? wie viel? ...*
- *wohnen*
- *Schule/Klasse*
- *Aktivitäten,...*

p. 91, 4

Schreib einen Text zum Thema „Mein bester Freund/meine beste Freundin".

Tu peux t'entraîner à la maison à corriger toi-même des erreurs.

- Lorsque tu écris sur ton ordinateur, utilise un correcteur d'orthographe en choisissant la langue (allemand).

Quand tu relis ton texte, associe sons et orthographe.
Exemples :
- Le son [ʃ] comme dans *Schule* ou *Tisch* s'écrit toujours *sch*
- Tu peux t'entraîner à bien distinguer les sons [a] et [h] en début de mot ou de syllabe : *aber / haben.*

LERNPAKET 7

Der Sommer ist da!

MES OBJECTIFS

Dans ce *Lernpaket*, je m'entraîne à :

- comprendre quand quelqu'un parle de ses projets de vacances, comprendre si quelqu'un accepte ou décline une invitation, comprendre un reportage sur un camp de vacances et ses activités.
- présenter un projet de sortie pendant les vacances d'été et dire avec qui on veut le réaliser.
- discuter d'un projet de camp de vacances franco-allemand sur la base d'informations dont on a pris connaissance.
- comprendre les informations principales d'un article sur des activités de vacances, quand et où elles ont lieu, à qui elles s'adressent.
- rédiger un SMS pour inviter des amis, légender des photos de vacances, réaliser une affiche de présentation d'un camp de vacances franco-allemand.

Sommerferien zu Hause!

1

Welche Pläne haben die sechs Freunde aus Düsseldorf? Wer mit wem? Assoziiere jeden Dialog mit einem Bild und einer Aktivität und berichte. → Arbeitsheft, S. 105

Ein Schiff auf dem Rhein

Der Japanische Garten

Der Medienhafen

Aktivitäten:
eine Geburtstagsfeier[1]
eine Fotoreportage
eine Schatzsuche[2]

1. der Geburtstag: *l'anniversaire* –
2. die Schatzsuche : *la chasse au trésor*

2

Marc möchte seine fünf Freunde zu seiner Geburtstagsparty einladen. Hör noch einmal den Dialog und mach dir Notizen. Dann schreib die SMS. → Arbeitsheft, S. 106/107

3 Lies den Artikel und notiere Informationen (Ort, Zeit, Aktivitäten, Publikum). Dann stell deiner Klasse dieses Camp vor.

→ Arbeitsheft, S. 111/112

Olympic Adventure Camp am Rhein

Sport ohne Grenzen in der letzten Ferienwoche

Das **Olympic Adventure Camp (OAC)** ist in Düsseldorf der sportliche Höhepunkt[1] der Sommerferien. Spiel, Sport und Spaß am Rhein für Kinder, die in der letzten Ferienwoche zu Hause bleiben.

Es gibt **mehr als 50 Sportarten im Angebot**[2]: Klassiker wie Basket-, Fuß- und Volleyball. Aber auch exotischere Sportarten[3] stehen auf dem Programm wie Klettern[4] und Trapez…

Wer kann mitmachen? Kinder und Jugendliche im Alter von 6 bis 21 Jahren. Auch junge Besucherinnen und Besucher[5] mit Handicap sind willkommen.

Nach: https://www.duesseldorf.de/jugendamt/evt/oac.shtml

1. der Höhepunkt: *le point culminant* – 2. es gibt mehr als 50 Sportarten im Angebot: *l'offre comprend plus de 50 sports* – 3. exotischere Sportarten: *des variétés de sport plus exotiques* – 4. das Klettern: *l'escalade* – 5. der Besucher: *ici, le participant*

PROJEKT-AUFGABE

Mit deinem Partner diskutierst du über Ferienpläne zu Hause: Was möchtet ihr gern machen?

TRAINIEREN

1 **Wähl eine Aktivität und einen Ort.**
Sag, was du machen möchtest.
Wer kommt mit?

→ Arbeitsheft, S. 108

bei einer Schatzsuche mitmachen
einen Geburtstag feiern
eine Fotoreportage machen

Freund(e) – Freundin(innen)
Bruder – Schwester
Cousin(e)
Eltern
Großeltern

2 **a. Lena feiert ihren Geburtstag und schreibt Einladungskarten an ihre Freunde. Ergänze den Text mit den richtigen Wörtern.**

→ Arbeitsheft, S. 109

dich
Juni
Geburtstag
bis
Samstag
Telefon

Einladung für Johanna

Ich lade dich ein zu meinem …
Am … den 10. … von 14 Uhr …
18 Uhr.
Wo? Auf den Rheinwiesen. Kannst du kommen? Sag bitte Bescheid*.
… 0211 / 25 68 15
Ich freue mich auf …!
Deine Lena

*Bescheid sagen: *avertir, informer*

b. Hör dir die Nachrichten an. Wer kann kommen? Wer nicht? Schreib die Vornamen auf. Wie viele Freunde kommen?

⁓ Arbeitsheft, S. 110

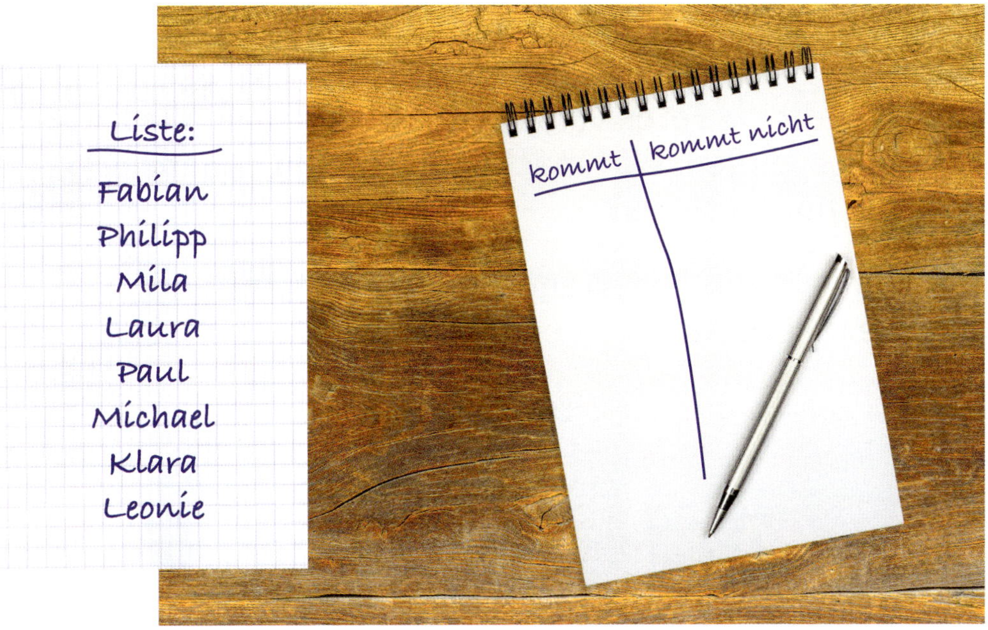

3 **Du bist im Sommer zu Hause und suchst Ideen für deine Freizeit. Auf einem Blog findest du Vorschläge... Was möchtest du machen? Was nicht? Oder hast du andere Ideen?**

⁓ Arbeitsheft, S. 112/113

Ideen für Ferien zu Hause!

- eine Party im Garten oder Park nebenan* organisieren
- im eigenen Garten zelten oder unter freiem Himmel schlafen
- mit einem Handy einen Kurzfilm drehen
- eine Fotoreportage in meiner Stadt/ in meiner Umgebung machen
- eine Schatzsuche organisieren

*nebenan: *à côté, à proximité*

Ein Sprach-Ferien-Camp

1 **Sieh dir die Fotos vom Ferien-Camp an und lies die Legenden. Was machen die Jugendlichen? Wie finden sie es?**

⟶ Arbeitsheft, S. 113/114

Hör jetzt die Reportage an und kommentiere die fünf Fotos.

⟶ Arbeitsheft, S. 114

1

2

3

4

5

2 Marc und Chiara interessieren sich für das Sprachcamp. Lies ihr Interview mit dem Leiter der „Language Farm". Ergänze dann deine Informationen über das Sprachcamp.

~ Arbeitsheft, S. 114/115

Was machen Sie?

Wir bieten Sprachcamps für Kinder und Jugendliche auf Englisch an[1].

Wie geht das?

Auf der Farm sind alle Aktivitäten auf Englisch: Spielen, Singen, Sport, Bootstouren, Reiten, Wandern... Die Kinder helfen beim Kochen[2], beim Putzen[3], sie sammeln Feuerholz[4] – auch da ist Englisch die Kommunikationssprache.

Wie groß sind die Gruppen?

Es sind kleine Sprachgruppen mit 4-5 Teilnehmer/innen, maximal 30 Teilnehmer pro Camp.

Wie lange dauert ein Camp?

Feriencamps dauern zwischen vier und vierzehn Tagen.

Wo sind die Camps?

Auf dem Land, mitten in der Natur, in Brandenburg und Thüringen.

Warum machen Sie das?

Wir möchten, dass niemand Angst[5] vor einer neuen Sprache hat. Spaß und Abenteuer[6] machen das Lernen ... *simple*!

Danke für das Interview!

INFOS AUF:
www.languagefarm.net

1. an/bieten: *offrir* – 2. kochen: *faire la cuisine* – 3. putzen: *faire le ménage* – 4. Feuerholz sammeln: *ramasser du bois* – 5. Angst haben: *avoir peur* – 6. das Abenteuer: *l'aventure*

3 Diskutiert in der Klasse über das Projekt: ein deutsch-französisches Sprachcamp!

- *Habt ihr eine Partnerschule in Deutschland, in Österreich oder in der Schweiz?*
- *Wann sind Sommerferien bei euch? Im Land der Partnerschule?*
- *Kennt ihr einen Ort, wo man ein Sprachcamp organisieren kann?*
- *Welche Sprachen?*
- *Welche Aktivitäten?*

PROJEKT-AUFGABE

Plant das deutsch-französische Sprachcamp.

Video

Ben besucht die Language Farm

www.didier-richtigclever.com

TRAINIEREN

1 Du schreibst dich beim Sprachcamp ein. Fülle wie Alexander einen Fragebogen aus. ~ Arbeitsheft, S. 116

Fragebogen Sprachcamp

NAME	Becker
VORNAME	Alexander
ADRESSE	Kölner Straße 10 44353 Dortmund
ALTER	13
GESCHWISTER	1 Schwester, 1 Bruder
MUTTERSPRACHE	Deutsch
FREMDSPRACHE 1	Englisch
FREMDSPRACHE 2	Französisch
ANDERE FREMDSPRACHEN	-
HOBBYS	Gitarre spielen, kochen
SPORT	Kajak, Volleyball

2 **Rollenspiel:**
Partner 1 ist Organisator im Camp und stellt Fragen, Partner 2 antwortet.

3 **Im Camp gibt es drei Gruppen. Der Leiter des Camps stellt sie vor. Was macht jede Gruppe? In welcher Gruppe möchtest du sein?** ~ Arbeitsheft, S. 117

Gruppe 1 Gruppe 2 Gruppe 3

4 **Fotos aus dem Camp. Schreib einen kurzen Text zu jedem Foto (siehe Beispiel).**

⟶ Arbeitsheft, S. 119

Unser Fotoprojekt: Super Pflanzen, super viel Spaß! Das Resultat? In der nächsten SMS!

A

B

C

D

5 **Programm für ein internationales Sprach-Camp.**

⟶ Arbeitsheft, S. 120

Sammelt Ideen für euer Sprach-Camp.

Hier ein paar Stichworte:

- Unsere Partnerschule / Partnerstadt / Partnerregion oder euer Partnerland
- Sommerferien bei uns / beim Partner
- Orte in Frankreich / beim Partner (Jugendherberge, Internat…)
- Dauer
- Teilnehmer
- Sprachen
- Aktivitäten

6 **Macht ein illustriertes Plakat für euer Camp.**

Bilder-Reise

1 Sieh dir die Bilder an. Sprecht in der Klasse darüber.

Emil Nolde: *Segelschiffe im Fjord*

2 Lies Situation 1. Dann spielt sie in der Klasse.

Situation 1

Du bist auf dem Boot. Es ist international und es gibt viele Sprachen (zum Beispiel Deutsch, Französisch, Englisch, Spanisch, Portugiesisch, Arabisch, Italienisch...)

1. Ihr stellt euch vor – wer will in einer anderen Sprache. Immer ein Schüler macht die Mediation und übersetzt für die anderen.
2. Ihr sprecht über verschiedene Themen und organisiert ein Picknick: Wer mag was? Wer hat was in seiner Kabine?
3. Ihr spielt zusammen.

3 Lies Situation 2. Dann spielt sie in der Klasse.

Situation 2

Das Ziel

Da ist es! Das rote Haus! Aber ihr seid noch nicht da!
Macht Hypothesen: Wie sieht es aus im Haus? Wer wohnt hier?
Welche Zimmer gibt es? Welche Möbel? Ist es modern? Welche Farben? ...

Emil Nolde: *Friesischer Hof mit Wolkenhimmel*

Zur Projektaufgabe

Jetzt!

Angekommen! Ihr geht an Land*.
Und da sind neue Freunde –
noch mehr Sprachen!
Am Abend ist die große
Willkommensparty!

* an Land gehen: *débarquer*

PROJEKT-AUFGABE
Eine Party auf Deutsch!

www.didier-richtigclever.com
Kurzbiografie Emil Nolde

WORTSCHATZ

› Sommer und bald Ferien!
↪ Auf Deutsch und auf Englisch!

der Sommer	summer
die Woche	week
die Ferien pl.	holidays
die Sommerferien pl.	summer holidays

die Stadt	town
auf dem Land	in the countryside
der Bauernhof	farm
die Natur	nature
das Meer / die See	sea
der See	lake
der Himmel	sky
die Sonne	sun
der Hafen (die Häfen)	harbour
das Schiff (die Schiffe)	ship
segeln	to sail
das Segelschiff (die Segelschiffe)	sailing boat
das Camp (die Camps)	camp
das Feriencamp	
das Zelt (die Zelte)	tent
zelten	go camping

die Feier	} party
die Party	
das Picknick	picnic
der Geburtstag	birthday

› Sprachen!

die Sprache (Sprachen)	the language
die Muttersprache	the mother tongue
sprechen	to speak

Wie viele Sprachen sprichst du?
How many languages do you know?

die Fremdsprache	the foreign language
Französisch	French
Englisch	English
Spanisch	Spanish
Deutsch	German
Türkisch	Turkish
Portugiesisch	Portuguese
Arabisch	Arabic

› Länder

Deutschland	Germany
Österreich	Austria
die Schweiz	Switzerland
England	England
Frankreich	France
die USA	the USA
die Türkei	Turkey

Üben

1 Bilde Wörter (so viele wie möglich!)

Arbeitsheft, S. 115

Mutter-	-sprach(e)
Sommer-	-ferien
Sprach-	-camp
Ferien-	-woche
Fremd-	-fahrt
Schiff-	

2 Phonetik!

1. Hör gut zu. **2. Hör zu und lies mit!**

3. Hör zu und sprich nach!

Ich komme auch mit. Sie hört immer gut zu. Ich lade dich zu meinem Geburtstag ein. Ich möchte, dass du kommst. Ich möchte, dass du zu meinem Geburtstag kommst. Kommst du zu meinem Geburtstag?

GRAMMATIK

1. Dire ce que l'on est capable de faire

Ich **kann** kommen.
Du **kannst** auch mitmachen.
Er **kann** gut reiten.
Sie **kann** gut Deutsch.

à l'aide du verbe de modalité können

ich	kann	+ infinitif
du	kannst	
er, sie, es	kann	
wir	können	
ihr	könnt	
sie	können	

Le verbe de modalité ***können*** permet d'exprimer ce que l'on **sait faire**, ce que l'on est **capable** ou **en mesure** de faire. Comme les cinq autres verbes de modalité, il n'a pas de terminaison ni à la 1re, ni à la 3e personne du singulier. Il change de voyelle au singulier pour les trois personnes : le ***ö*** est remplacé par un ***a***. Dans une déclarative, seul le verbe de modalité occupe la 2ème place, l'infinitif complément occupe la position finale. Parfois, l'infinitif complément est sous-entendu : *Sie **kann** gut Deutsch (sprechen)* = Elle parle bien l'allemand. Tu peux comparer ***können*** avec le verbe ***to can***, son proche cousin.

2. Dire ce que l'on voudrait faire

Ich **möchte** dich einladen.
Was **möchtest** du machen?
Wir **möchten**, dass niemand Angst hat.

à l'aide du subjonctif présent du verbe mögen

ich	möchte	+ infinitif
du	möchtest	
er, sie, es	möchte	
wir	möchten	
ihr	möchtet	
sie	möchten	

Tu connais déjà le présent indicatif du verbe ***mögen*** (aimer, apprécier) (voir Grammatik, p. 68). Les formes du subjonctif II de ce verbe de modalité sont souvent utilisées pour dire que l'on souhaite faire quelque chose. Le ***g*** du radical de l'infinitif est remplacé par ***ch*** qui se prononce comme dans le pronom ***ich***. Ce changement facilite la prononciation avec les terminaisons en ***-te/-test/-ten/-tet***.

3. Modifier le sens d'un verbe

Video GRAMMATIK der Film!

à l'aide d'un préverbe séparable

Ich **mache mit**.
Kommst du auch **mit**?
Sie **hört** immer gut **zu**.
Ich **lade** dich zum Geburtstag **ein**.
Wir **bieten** Sprachcamps **an**.

mitmachen
mitkommen
zuhören
einladen
anbieten

De nombreux verbes peuvent recevoir un préverbe séparable. Le sens du verbe est alors modifié : ***machen*** = faire – ***mit/machen*** = participer ; ***kommen*** = venir – ***mit/kommen*** = venir avec quelqu'un, se joindre à ; ***hören*** = entendre – ***zu/hören*** = écouter.
Le préverbe séparable est toujours accentué. Il se détache du verbe lorsque celui-ci occupe par exemple la 2e place dans une phrase déclarative.

4. Élargir le groupe verbal à droite

la subordonnée complétive introduite par dass

Ich **weiß, dass** du kommst!
Er **sagt, dass** er kommen kann.
Wir **möchten, dass** niemand Angst hat.

PRINCIPALE, SUBORDONNÉE
…, ***dass*** … verbe conjugué.

La conjonction ***dass*** (que) introduit une subordonnée complétive. La principale précède habituellement la subordonnée, le verbe conjugué occupe la dernière place. Une virgule sépare les deux parties de la phrase.

Üben

1 Was kannst du? Was nicht?

Beispiel: Ich kann reiten. Ich kann gut reiten.

nicht
gut
sehr gut

2 Welche Sprachen kannst du. Und wie?

Arbeitsheft, S. 119/120

- Englisch
- Deutsch
- Italienisch
- Spanisch
- Arabisch
- Türkisch

ein bisschen – ganz gut – gut – sehr gut

3 Ergänze: *mit* oder *zu*? Was ist richtig?

Beispiel: Wir spielen Basketball: Wer spielt mit?"

A „Wir spielen Volleyball. Wer spielt …?"
B „Jetzt spielen wir ein Lied. Hört gut …!"
C „Wir fahren mit dem Schiff. Kommst du …?"
D „Ich zeige dir das Rezept. Sieh gut …!"

4 Sag, was du möchtest!

Beispiel: mitkommen → „Ich möchte, dass du mitkommst!"

mitsingen / mitspielen / zuhören / mitfahren / zusehen

5 Sag, was du weißt!

Beispiel: „Es ist drei Uhr!" → „Ich weiß, dass es drei Uhr ist!"

A „Wir frühstücken jetzt!"
B „Wir essen jetzt."
C „Er kommt nicht."
D „Sie spricht Deutsch."

RICHTIG CLEVER LERNEN!

Pratiquer les langues étrangères pendant les vacances ... peu importe où tu te trouves !

En été, tu peux continuer à travailler les langues étrangères que tu apprends au collège – et à faire les liens entre elles !

Que tu prennes le métro, le train, l'avion, le bateau – ou que tu écoutes la radio, que tu regardes des films chez toi ou au cinéma : la v.o. (la version originale...) parviendra souvent à tes oreilles.

Des annonces : Une annonce dans le métro parisien en quatre langues :

- *This is the last stop. Please leave the train, thank you!*
- *Endhaltestelle, wir bitten alle Fahrgäste auszusteigen.*
- *¡Final del trayecto. Desciende, por favor!*
- *Capo linea! Vi preghiamo di scendere!*

Et en Français ! A toi de jouer !

Vidéo ou jeu vidéo à la maison: Tu peux souvent choisir la langue avec ou sans sous-titres :
„Sprache – Englisch/Französisch/Deutsch/Spanisch...
– Untertitel"

Il n'est pas si rare que quelqu'un s'adresse à toi dans une langue étrangère. Si tu apprends cette langue, profites-en pour t'entraîner !

Dans une ville près de chez toi. Un touriste te demande: *„Entschuldigung! Wie komme ich zum Marktplatz?"* Peut-être peux-tu le renseigner?

Un autre touriste :
"Sorry, I want to go to the swimming pool. Can you help me?"
Alors ?

Si tu as des amis ou des membres de ta famille à l'étranger...

Skyper avec un ami/une amie qui parle allemand, anglais,...

Étiquettes, mode d'emploi, Titres de journaux, BD, sites internet ... les occasions sont multiples pour lire en v.o.

Viele Etiketten sind mehrsprachig:
Orangensaft, mindestens haltbar bis...
Orange juice, best before...
Jus d'orange. À consommer avant...
Date limite de consommation ...

Correspondre par mail, par SMS ou carte postale à des personnes qui parlent allemand, anglais...

Liebe Lena,
mir geht es gut. Und dir? ...
Viele Grüße aus Frankreich
Marie

Nous remercions tous ceux qui ont soutenu ce projet et y ont contribué avec générosité, et en particulier le **Comenius-Gymnasium Düsseldorf** et son directeur **Alfons Musolf**, les enseignantes **Ina Halberstadt** et **Esther Crespo-Damm** ainsi que **Annika, Arjun, Chiara, Marc, Tamaro** et **Veronika** et leurs parents !

Ein ganz herzliches Dankeschön an alle, die dieses Projekt unterstützt und zu seiner Verwirklichung beigetragen haben.
Wir danken besonders dem **Comenius-Gymnasium Düsseldorf** und seinem Leiter, **Alfons Musolf**, den Lehrerinnen **Ina Halberstadt** und **Esther Crespo-Damm** sowie **Annika, Arjun, Chiara, Marc, Tamaro** und **Veronika** und ihren Eltern!

Références des images

couverture Walter Bibikow/JAI/Corbis
10 shootingankauf - Fotolia.com
11 klickerminth - Fotolia.com
17 Jan Von Holleben
19 HarmK - Fotolia.com
21 l Tibor Bognar/Photononstop
21 2 Sabine Segura - www.agefotostock.com
21 3 Image Source - www.agefotostock.com
21 4 Westend61/Photononstop
21 5 ajr_images - Fotolia.com
21 a Hugues Argence - Fotolia.com
21 b Pixel & Création - Fotolia.com
21 c NAN - Fotolia.com
21 d scaliger - Fotolia.com
21 e figurniysergey - Fotolia.com
22 taviphoto - Fotolia.com
24 Jean-Luc Armand/Photononstop
24 Dennis MacDonald - www.agefotostock.com
24 Hero Images/Corbis
24 art-4-art/GettyImages
24 Tom & Dee Ann McCarthy - www.agefotostock.com
24 Scott Barrow/Corbis
24 Juniors Bildarchiv - www.agefotostock.com
24 Reed Kaestner/Corbis
29 md Fancy/Photononstop
29 mg Kevin Dodge - www.agefotostock.com
29 mm Rolf Bruderer - www.agefotostock.com
31 hg George Doyle/GettyImage
31 mg Plattform - www.agefotostock.com
32 Reiter und Reiterin am Strand. Max Liebermann © akg-images
32 Tennis am Meer. Max Liebermann © akg-images
37 d theartofphoto - Fotolia.com
37 e Christian Schwier - Fotolia.com
37 a David Davis - www.agefotostock.com
37 b chamillew - Fotolia.com
37 c cynoclub - Fotolia.com
37 f blachowicz102 - Fotolia.com
40 Eric Isselée - Fotolia.com
40 Rebecca Hanson - Fotolia.com
41 Ernst Fretz - Fotolia.com
42 baibaz - Fotolia.com
42 baibaz - Fotolia.com
42 Markus Mainka - Fotolia.com
42 volff - Fotolia.com
42 Jérôme Rommé - Fotolia.com
42 Zoonar GmbH/Alamy/hemis.fr
42 yamix - Fotolia.com
43 Richard Villalon - Fotolia.com
43 Viktor - Fotolia.com
43 euthymia - Fotolia.com
43 Markus Mainka - Fotolia.com
43 Gresei - Fotolia.com
43 ikonoklast_hh - Fotolia.com
43 Stephanie Eckgold - Fotolia.com
43 Maciej Mamro - Fotolia.com
43 Julián Rovagnati - Fotolia.com
47 bd kerstiny - Fotolia.com
47 bg McPHOTOs - www.agefotostock.com
47 hd Mauritius/Photononstop
47 hg Kosten, J. & A./Corbis
47 md agawa288 - Fotolia.com
48-49 © Gourmet
49 GG Studios Austria - Fotolia.com
49 Himmelssturm - Fotolia.com
51 volff - Fotolia.com
51 yamix - Fotolia.com
51 Markus Mainka - Fotolia.com
51 Gresei - Fotolia.com
51 Julián Rovagnati - Fotolia.com
51 Maciej Mamro - Fotolia.com
62 Ryan McVay/GettyImages
62 rukanoga - Fotolia.com
62 pbnew - Fotolia.com
62 bluehand - Fotolia.com
62 CSP_grigvovan - www.agefotostock.com
62 Vaidas Bucys - Fotolia.com
62 prescott09 - Fotolia.com
62 Glow Images/Photononstop
62 bluehand - Fotolia.com
63 a living4media/Hausmann/StudioX
63 b living4media/Van Berge/StudioX
63 c Stover/Picture Press/StudioX
64 1 Hansel and Gretel at the Gingerbread House. Illustration by Otto Ubbelohde © akg-images/bilwissedition
64 2 Dornröschen. Illustration by Brüder Grimm © akg-images/bilwissedition
64 3 Mädchen pflückt Blumen. Illustration by Brüder Grimm © akg-images/bilwissedition
65 akg-images
67 casaltamoiola - Fotolia.com
69 Iriana Shiyan - Fotolia.com
69 Sylwia Nowik - Fotolia.com
69 Eric Isselée - Fotolia.com
69 bluehand - Fotolia.com
69 Ryan McVay/GettyImages
76 dinostock - Fotolia.com
76 obelicks - Fotolia.com
76 sippakorn - Fotolia.com
76 Oleksiy Mark - Fotolia.com
76 Valery Seleznev - Fotolia.com
76 cphoto - Fotolia.com
76 ivan kmit - Fotolia.com
76 thawats - Fotolia.com
76 illustrez-vous - Fotolia.com
76 rainette - Fotolia.com
76 Maksym Yemelyanov - Fotolia.com
76 Editions Didier
79 Fancy/Photononstop
79 Rolf Bruderer - www.agefotostock.com
79 Kevin Dodge - www.agefotostock.com
80 b blachowicz102 - Fotolia.com
80 Jürgen Henkelmann/imageBROKER - www.agefotostock.com
80 imago/StudioX
81 imago/StudioX
85 Kwest - Fotolia.com
85 Stephanie Eckgold - Fotolia.com
85 Eric Martinez - Fotolia.com
85 photology1971 - Fotolia.com
85 cifos - Fotolia.com
85 George Dolgikh - Fotolia.com
85 Richard Villalon - Fotolia.com
85 emevil - Fotolia.com
85 www.erwinova.com - Fotolia.com
85 Spectral-Design - Fotolia.com
90 1 Imago/StudioX
90 2 Jonatan Fernstrom - www.agefotostock.com
90 3, 4 Imago/StudioX
90 5 Anna Peisl - www.agefotostock.com
90 a Imago/StudioX
90 c Craig Joiner - www.agefotostock.com
95 Michael Ende: Die unendliche Geschichte © 1979 Thienemann in der Thienemann-Esslinger Verlag GmbH, Stuttgart
95 Conni & Co de Julia Boehme © Carlsen Verlag
95 Emil und die Detektive de Erich Kästner © Verlag Friedrich Oetinger GmbH
96 akg-images
96-97 Erich Kästner, Isabel Kreitz, Emil und die Detektive (seite 79 und Saite 80) © Atrium Verlag, Zürich 2012
99 Christian Schwier - Fotolia.com
99 1 RLG - Fotolia.com
99 3 Monkey Business - Fotolia.com
104 Karl F. Schöfmann/imageBROKER - www.agefotostock.com
104 imageBROKER/hemis.fr
104 MATTES René/hemis.fr
105 Olympic Adventure Camp © Stadt Düsseldorf
107 Dmitriy Golbay - Fotolia.com
108-109 © The Language Farm
111 bd Anna Mutter/FOTOGLORIA-REA
111 bg imago/StudioX
111 hd Richard Baker/Corbis
111 hg Moraschen/laif/Europarc-WWF-REA
112 www.bridgemanimages.com
113 www.bridgemanimages.com
117 a Christophe Fouquin - Fotolia.com
117 b karelnoppe - Fotolia.com
117 c michaeljung@163.com - Fotolia.com
117 d Cherry-Merry - Fotolia.com
117 e theartofphoto - Fotolia.com

DR : Malgré nos efforts, il nous a été impossible de joindre certains photographes ou leurs ayants droit, ainsi que les éditeurs ou leurs ayants droit pour certains documents, afin de solliciter l'autorisation de reproduction, mais nous avons naturellement réservé en notre comptabilité des droits usuels.

Edition : Anke Feuchter
Mise en pages : Gudrun Challe
Iconographie : Aurélia Galicher
Création de maquette : Primo & Primo
Création de la couverture : Joëlle Parreau
Photographes : Roland Weihrauch
Frank Rumpenhorst : p.76 hd - 79 hg-bg

Dessinateurs : Cartes illustrées : Volker Theinhardt
Alexandre Franc : p. 14
Carole Xienard : p. 18, 34, 50, 66, 82, 98, 114
Buster Bone : p. 26, 31
Bertille Mennesson : p. 44
Pascal Phan : p. 46, 94
Xiaojun Song : p. 78
Création Graphique : Bertille Mennesson : pages d'ouverture et p. 24

PAPIER À BASE DE FIBRES CERTIFIÉES

éditions didier s'engagent pour l'environnement en réduisant l'empreinte carbone de leurs livres. Celle de cet exemplaire est de :
350 g éq. CO_2
Rendez-vous sur www.editionsdidier-durable.fr

ISBN : 978-2-278-08344-2
Dépôt légal : 8344/02
Achevé d'imprimer en France en juillet 2016 par Loire Offset Titoulet

Die Bundesrepublik Deutschland, Österreich und die Schweiz